毎日の生活に
取り入れるだけで
子どもは変わる

発達障害の子どもが伸びる
ほめ方・しかり方・言葉かけ

監修＊塩川宏郷　筑波大学人間系障害科学域准教授

河出書房新社

はじめに

　発達障害という言葉が一般的に知られるようになり、研究者や専門家によって原因も少しずつ解明されてきました。とはいえ、現実の子育ては毎日が不安や疑問の連続です。この本は、発達障害の子どもの子育てにぜひ取り入れて欲しい「ほめ方・しかり方・言葉かけ」を場面別にイラストを使いできるだけわかりやすくまとめています。

「言葉かけ」は、わが子が周囲の子どもと違うことで必要以上に神経質になってしまうと、「心理的虐待」につながってしまう危険もあります。子育ては、親も一緒に育っていく過程なのです。子どもをほめるときは自分もほめるように、子どもをしかるときは自分もしかるような気持ちで接することが大切なのではないでしょうか。

　発達障害を抱えた子どもは、周囲とのコミュニケーションの取りづらさや感覚のズレなどによって毎日大きなストレスを負って生活しています。さまざまな場面に合わせた言葉をかけてあげることで、子どもの抱えているストレスを少しでも軽減させ、次につながるやる気を伸ばしてあげましょう。

contents

第3章 子どもの気になる行動を減らす言葉かけ 41

第4章 「日常の生活」を楽にする指示の出し方とは 59

contents

第5章 子どもが伸びる「ほめ方／言葉かけ」10の原則 71

第6章 子どもが理解できる「しかり方」10の原則 83

contents

第7章

「やる気のスイッチ」を入れる言葉かけ

第1章

これだけは知っておきたい基礎知識

発達障害ってどんな障害なの？

発達障害とは、言語・コミュニケーション・社会性などの発達になんらかの特性（偏りやゆがみ）があることによって生じる不適応状態をさします。生まれながらの（生来的な）脳機能障害と考えられており、個人によりその特性の強さが違います。最近では「障害」ではなく、本人の「個性」としてとらえることで、その特性を伸ばす方法が模索され、さまざまな支援が行われるようになってきています。

発達障害は、大きく3つのタイプに分けられる

発達障害は、大きく「精神遅滞」、「自閉症スペクトラム（広汎性発達障害）」、「特異的発達障害」の3つの種類に分けられます。

早く気がつくことで、子どものストレスを減らす

発達障害は、大きく「精神遅滞」、「自閉症スペクトラム（広汎性発達障害）」、「特異的発達障害」の3つの種類に分けられます。その対策も一人ひとり異なります。生来的な脳機能の障害が関係していると考えられていますが、現段階では原因はわかっておらず根本的な治療方法はありません。

しかし、最近の研究では、できるだけ早い時期に障害に気づいて適切な支援をしてあげることで、発達を促進する可能性があり、優れた能力を育てていくことは十分可能だ、といわれています。

また、早期発見し適切に対応することは、子どものストレスを防ぐという面からも注目されています。

発達障害は、いくつかの障害が併存している場合も多い

発達障害のなかでも、「精神遅滞（知的障害）」は、全般的な知的機能の発達の停滞をさします。

「広汎性発達障害」は、「精神遅滞」と異なり、知的機能や認知機能（ものの見方・考え方・情報処理能力）の発達や機能の遅れが広い範囲にわたっているものの、全般的に停滞しているわけではない状態をいいます。つまり、機能の一部分は正常な発達を示しているということです。

具体的には、社会的な対人関係を築くのがむずかしい、他人とのコミュニケーションがとりにくい、活動や興味の範囲が狭くこだわりが強い、という症状によって示される、「社会性」「コミュニケーション」「興味・活動の限定」の3つの領域でな

んらかの障害がみられる状態を自閉症スペクトラムと呼びます。

「特異的発達障害」は、知的能力に全般的な遅れはないものの、「読む」「聞く」「話す」「書く」「計算する」「推論する」などの学習と関連する部分的な能力や機能で著しい遅れが見られるのが特徴です。読み書きの能力に遅れが見られる学習障害（ＬＤ）がこの中に含まれます。また、注意欠如／多動性障害（ＡＤＨＤ）も特異的発達障害の特徴を持つことがあります。

「精神遅滞」、「自閉症スペクトラム」、「特異的発達障害」は、それぞれ独立した別個の障害というわけではなく、重なり合う部分が多く存在します。二つ以上の機能障害が併存している（同時に存在する）場合も多いのです。

本書で取り上げる発達障害のタイプ

発達障害は、大きく3つの種類に分けられますが、本書では、ASD(自閉症スペクトラム)、「学習障害（LD）」「注意欠如／多動性障害（ADHD）」の子どもの対応法を取り上げています。発達障害の特性や状態は、個人によって大きく異なります。また、発達障害が併存しているケースもあり、支援のためには子どもの認知機能に関するアセスメント（状態を把握すること）が重要になってきます。

ASD（自閉症スペクトラム障害）

ASD(自閉症スペクトラム障害)には、自閉症、アスペルガー症候群、そのほかの広汎性発達障害が含まれます。ASDの典型的な特性としては、「社会的な対人関係を築きにくい」、「コミュニケーションがとりにくい」、「こだわりが強い」という、広汎性発達障害の３つの特性が認められます。しかし、そのレベルは人によって異なり軽いものから重いものまで区別がつけにくいことから、スペクトラム(連続体) という言葉を用いて、「自閉症スペクトラム障害」と呼ばれます

ADHD（注意欠如／多動性障害）

集中力がなく、衝動的で落ち着きがない。注意力がない

LD（学習障害）

読み、書き、計算など学習能力の習得に時間がかかる

発達障害は、併存していることもある

自閉症スペクトラム障害とADHD、ADHDとLDというように種類の違う発達障害を併せ持っている場合もある。また、突発的で不規則な体の動きや発声をくり返す「チック障害」などと併存する場合もある。

発達特性は2～3歳ごろから見られ始める

子どもの発達は個人差が大きく、人によって発達特性が目立ってくる時期も違ってきます。自閉症スペクトラムは、典型的な子どもの場合2～3歳ぐらいで特性が見られるようになります。一方、ＡＤＨＤの特性は5歳ぐらいから強くあらわれてきます。

発達特性は、生後すぐにはわからない

発達障害にみられる特性は、生後すぐにはわかりません。自閉症の後方視的研究（のちに自閉症と診断された子どもの赤ちゃんの頃の特徴を研究する方法）では、いわゆる「育てやすい赤ちゃん」だったことが特徴の一つとして挙げられています。たとえば、ミルクがほしいときやおむつが濡れたときなども泣いて知らせることをしない、ベッドにひとりで寝かされていても、ぐずったりせずにおとなしくしている、といった特徴です。ただし、これらの特徴がそのまま自閉症と関連しているわけではないので、その評価については注意が必要です。

ＡＤＨＤも同様に乳児期にその特性がみられることはありません。ただ、後方視的研究ではＡＤＨＤの子の乳幼児期の特徴として始終泣いている、きちんとミルクを飲まない、寝つきが悪い、寝てもすぐに目を覚ますなどが特徴として挙げられています。とはいえ、前述したように発達の経過は個人差がとても大きいので、これらの特徴が発達障害と直接関係するわけではありません。育児中はあまり神経質にならないようにしましょう。

発達の特性が出てくるのは2～3歳ごろから

ほかの子どもと比べて「ちょっと変わっているかな」、と感じることが増えるのは2歳前後からのことが多いようです。

自閉症の場合、もっともわかりやすいのは言葉の遅れです。アーウーといった声（喃語《なんご》）は出しても、パパ、ママといった意味のある単語などが出てこない。指をさして教えないなどといった言動が2歳ごろに見られやすい特性です。

また、親や兄弟と遊ぶよりもひとりで遊ぶのを好む。名前を呼んでもふり向かない。外出するときに親戚や隣人に預けても泣かない。一つのおもちゃに執着して、それを手に取るとほかのことがいっさい目に入らなくなったりする、偏食が激しい、夜眠らない、いつも体を動かしている、といった行動も特性の一つと考えられています。

ただし、注意すべきことは、これらの行動の特徴は育児をしていくうえでも普通に見られることです。短絡的に発達障害の特性と考えることがないようにしましょう。

それぞれの年齢で見られる発達障害のサイン

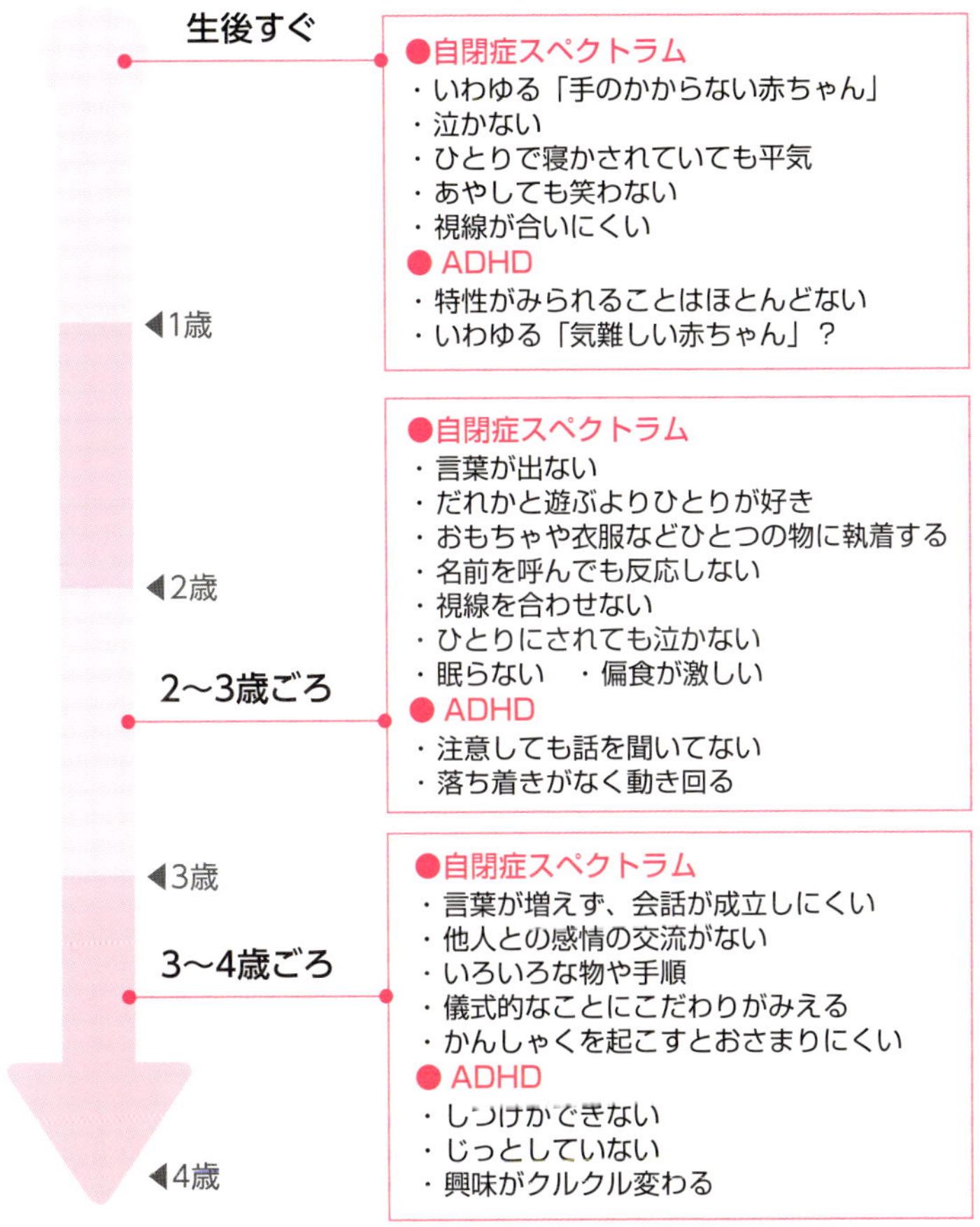
生後すぐ
●自閉症スペクトラム
・いわゆる「手のかからない赤ちゃん」
・泣かない
・ひとりで寝かされていても平気
・あやしても笑わない
・視線が合いにくい
● ADHD
・特性がみられることはほとんどない
・いわゆる「気難しい赤ちゃん」？
◀1歳
●自閉症スペクトラム
・言葉が出ない
・だれかと遊ぶよりひとりが好き
・おもちゃや衣服などひとつの物に執着する
・名前を呼んでも反応しない
・視線を合わせない
・ひとりにされても泣かない
・眠らない　・偏食が激しい
● ADHD
・注意しても話を聞いてない
・落ち着きがなく動き回る
◀2歳
2～3歳ごろ
◀3歳
3～4歳ごろ
●自閉症スペクトラム
・言葉が増えず、会話が成立しにくい
・他人との感情の交流がない
・いろいろな物や手順
・儀式的なことにこだわりがみえる
・かんしゃくを起こすとおさまりにくい
● ADHD
・しつけができない
・じっとしていない
・興味がクルクル変わる
◀4歳

確定診断は急がずに、3歳を過ぎてから

発達障害の診断が確定的になるのは3～4歳ごろが多いようです。それまでの発達の経過は個人差が大きく、健常と病的な状態との区別をすることが難しいからです。

言葉の発達を例にあげますと、2歳で2語文（主語と述語がある文章）を話すようになることが一般的ですが、話せない子どももたくさんいます。しかし、3歳になっても2語文が話せない子は少数ですので、この時点で「言葉の遅れ」が障害による可能性があることが明らかになり、さらに3歳まで順調に言葉が伸びていた子でも、その後コミュニケーションの問題が出現することがあり、確定的なことはもっと後にならないと言えないこともあります。

基本的な特性——
自閉症スペクトラム（自閉症／アスペルガー症候群）の子ども

自閉症スペクトラムの子どもは、「社会的なやり取りの障害」「コミュニケーションの障害」「こだわり行動」という3つの特性（三つ組みの特性ともいわれます）を持っています。自閉症スペクトラム障害の子どもには、3つの特性を持っていても知的な遅れや言葉の遅れのない場合もあります。

自閉症スペクトラムの 基本的な3つの特性

❶ 人との関わり方が苦手
（社会的なやり取りの障害）

- 人と目を合わせない
- 名前を呼ばれても反応しない
- 相手や状況に合わせた行動が苦手
- 自己主張が強く一方的な行動が目立つ

❷ コミュニケーションがうまくとれない
（コミュニケーションの障害）

- 言葉の遅れ
- 言われた言葉をそのまま繰り返す（オウム返し）
- 相手の表情から気持ちを読み取れない
- ことわざや、皮肉、たとえ話を理解することが苦手

❸ 想像力が乏しい・こだわりがある
（こだわり行動）

- 言われたことを字義通りに受け取りやすい
- 「ままごと遊び」「役割遊び」をあまりしない
- 決まった順序や道順にこだわる
- 急に予定が変わるとパニックをおこす

自閉症スペクトラム（自閉症／アスペルガー症候群）の基本的な特性

自閉症の中でも知的な遅れがないものを高機能自閉症、人とのやりとり障害が比較的軽度な例をアスペルガー症候群と呼んでいます。最近では、自閉症と高機能自閉症・アスペルガー症候群を明確に区別せずに、それぞれが連続した状態であるという意味で「自閉症スペクトラム」という言葉が用いられます。

マイペースな対人行動

- 相手の気持ち・状況を考えないマイペースな言動が目立つ
- 人見知りしない
- よく話すが、自分の言いたいことだけを中心に話す
- 思いついたことをそのまますぐに口に出してしまう
- 友だちと遊ぶが、飽きたり他に興味が移ると、途中でも平気で抜けてしまう
- 周囲からは、自分勝手でわがままと思われることが多い

早くて達者な言葉の発達

- 言葉の遅れがなく、むしろ早いことも多い
- 難しい言葉や漢字表現、英語表現を好む
- 年齢の割に大人びた言い方、ていねいな言い方をする
- 表情の表出は普通に可能なことが多い
- プロソディ表出の障害はないが軽い ＊−1
- 反響言語は少ない ＊−2
- 冗談・比喩はわかることが多いが、皮肉の理解は困難
- 言葉を表面的に受け取りやすく、言外の意味を理解しにくい
- 代名詞の理解が困難なことがある

−1　プロソディ=イントネーションやリズムのこと
−2　反響言語=言われたり聞いたりしたことをそのまま使うこと（オウム返し）

融通がきかない行動

- 「ごっこ」遊びやストーリーのある物語を作れるが、パターン化することが多い
- 気になったことを繰り返し言ったり、聞いてきたりする
- 決まりきった言動が多い
- 自分が納得したルールを誰でも守ることを要求しやすい

その他

- 注意欠如・多動性障害と同様の行動特徴（多動、注意力障害など）を示すことが多い
- 手先が不器用なことが多い
- 被害者的な言動が多い
- 文字が乱雑なことがある
- 教えていない文字が早く読めるようになることがある。

基本的な特性―ADHDの子ども

ADHD（注意欠如／多動性障害）は、「不注意」「落ち着きがない」「衝動的」という3つの基本的な特性を持つ発達障害です。ADHDは、LDや自閉症スペクトラム障害などの他の発達障害と併存している場合もあります。

ADHDの3つの基本的な特性とは

ADHDは、不注意、落ち着きがない（多動性）、よく考えずに行動する（衝動性）という3つの特性を持っています。これらの特性によって、ADHDの子どもの行動は実際の年齢よりも幼く見えてしまうことがあります。

不注意

- モノをよくなくす
- 細かいことに気がつかない
- 忘れ物が多い
- 話し声や教室外の音が気になって集中できない
- 整理整とんが苦手

多動性

- じっとしていられない
- 授業中も席を立ってウロウロする
- 静かに遊んだり、読書をしたりすることが苦手
- 手や足を動かしてそわそわしている
- 授業中でも物音をたてたりする

衝動性

- 順番を待てない
- 先生からあてられる前に答える
- 他の児童に干渉する

ADHDの子どもとつき合う「心がまえ4大原則」

ADHDの特性を持つ子どもとは、「4つの原則」を守ってつき合うことが対応のコツといわれています。

1／きつくしからない

何度注意しても言うことを聞かない子どもに対しては、つい大きな声でしかったり手を上げたりしてしまいがちです。しかし、このようなしかり方はかえって親に対する信頼感を失わせてしまう場合も多いのです。

2／注意する回数を減らす

落ち着きのない子どもに対しては、つい何度も「よそ見をしない」などと注意をしてしまいがちです。まずは注意やしかる回数を減らしましょう。そのうえで、「ここぞ」というときを選んで、子どもの注目を引いてから注意することが効果を上げる場合もあります。

3／子どもへの話し方を変える

「何度言ったらわかるの！」とどなったり、「ダメな子」など暴言やネガティブな言葉で傷つけてしまわないように注意しましょう。できるだけ子どもの近くに行って、穏やかな声で子どもの注意をひきつけながら話しかけることがコツです。

4／誤解しない

「今やろうと思っていた」、「さっきまであったのに・・・」などADHDの子どもがすぐにわかるようなウソをついてしまうことがあります。それはその場でしかられるのを避けるためにとった行動であり、親をだまそう・困らせようと思ってやっているわけではありません。ウソをつかなければならないような状況を作るのを避け、「言い訳することにも不器用な子」と考えて支援してあげてください。

発達障害の子どもの基本的な特性―
LDの子ども

LDとは、英語のLearning Disabilitiesの略で日本では学習障害と訳されます。医療的な意味の障害ではありません。脳の認知機能＝「読む」「聞く」「話す」「書く」「計算する」「推論する」といった機能のいずれかに不具合が生じたシステムの問題と捉えられています。

LDの基本的な特性は、6つの学習能力の問題

LDの基本的な特性は、知能全般は正常であっても「聞く」、「話す」、「読む」、「書く」、「計算する」、「推論する」といった6つの学習と関係する能力の一つ以上の修得や使用に障害がある状態を指します。LDの特性は、同じようにあらわれるのではなく一人ひとり異なります。また他の発達障害と併存している場合もあります。

「聞く」ことの障害

- 会話が理解できない
- 文章の聞き取りができない
- 書き取りが苦手
- 単語や言葉の聞き誤りが多い
- 長い話しを理解するのが苦手
- 長い話しに集中できない
- 言葉の復唱ができない

「話す」ことの障害

- 筋道を立てて話すことが苦手
- 文章として話すことが苦手。
- 話しに余分な内容が入ってしまう
- 同じ内容を違う言い回しで話せない
- 話しが回りくどく、結論までいかない

「読む」ことの障害

- 文字を発音できない
- 間違った発音をする
- 単語を発音できない
- 文字や単語を抜かして読む
- 読むのが遅い
- 文章の音読はできるが、意味が理解できない

「書く」ことの障害

- 文字が書けない
- 誤った文字を書く
- 漢字の部首（へんとつくり）を間違う
- 単語が書けない、誤った文字が混じる
- 単純な文章しか書けない
- 文法的な誤りが多い（「てにをは」の誤りが多い）

「計算する」ことの障害

- 数字の位どりが理解できない
- 繰り上がり、繰り下がりが理解できない
- 九九を暗記しても計算に使えない
- 暗算ができない

「推論する」ことの障害

- 算数の応用問題・証明問題・図形問題が苦手
- 因果関係の理解・説明が苦手
- 長文読解が苦手
- 直接示されていないことを推測することが苦手

どうして発達障害になるの？

発達障害の原因は、まだ完全には解明されていません。これまでの研究では、発達障害は脳や脊髄などの中枢神経系の問題であること、脳の細胞レベルの情報伝達機能になんらかの障害がある、というところまでわかってきました。

発達障害は育児や環境のせいではない

発達障害は、生まれつきの（生来的な）障害と考えられています。先天的な脳細胞どうしの情報伝達障害によって、脳の機能になんらかの不完全な状態があるために人とのコミュニケーションがとりにくい、人と目が合わせられないといった症状がみられるようになるということが想定されています。

発達障害は、最近まで原因がよくわからなかったために、親の育て方、本人の性格、生活環境のせいだ、などと思われていたことがありました。

その後の研究や観察の結果、現在では多くの専門家が、発達障害は生まれながらの障害であること、保護者の育て方や本人の性格とはまったく無関係であることを確認しています。

発達障害は、中枢神経（脳）の機能障害が原因

発達障害の原因については、まだ完全に解明されていない部分も多いのですが、中枢神経系の機能障害があると考えられています。中枢神経系というのは脳や脊髄など体中を結んでいる神経の総司令部のようなものです。

自閉症は、脳の前頭葉、間脳、小脳、海馬などの働きの障害と関係していることがわかってきました。

中枢神経系というのは脳と脊髄を結んでいる神経のことで、言葉、音、味、痛み、温度などあらゆる情報を受け取り、それに応じた指令を全身の各部位に送って、行動や生命維持のコントロールを行っています。

自閉症の子どもはこの中枢神経がうまく協調的に働かないため、温度に対する感覚が鈍く季節に関係なく同じ服を着る、といった行動特性があらわれてくると考えられます。

「障害」？ それとも「個性」？

発達障害の原因は、現在まで明らかになっていません。そのため治療法も確立していません。しかし、その発達特性を理解し、適切な支援を行うことで、発達障害の特性を持った子どもの成長・発達を促進することができるはずです。

発達障害を個性ととらえる

発達障害は、言語やコミュニケーション・社会性・認知などいくつかの領域にわたる機能の障害だと先に述べました。発達特性は、程度の差はあるものの一生その傾向が残ると考えられています。つまり「かぜが治る」、「切り傷が治る」と同じような意味で「発達障害が治る」ということはあまり期待できません。そこで、「障害を治す（治癒させる）」ことを目指すのではなく、「個性として受け入れ支援する」という考え方をしてみましょう。

発達障害を持つ子どもは、他の子どもとちがうさまざまな行動を示します。これらをすべて障害の症状ととらえるのではなく、子どもの個性的な行動ととらえてみることです。もちろん個性だからと放っておくことをすすめているわけではなく、「支援が必要な個性」であるということです。

早めに気づいて、早めに支援を考える

発達障害は、3～5歳ぐらいまではなかなか確定診断できないといわれています。しかし、その特性の一部は赤ちゃんのうちからあらわれてくることが少なくありません。できるだけ早く特性に気づいてあげることが重要です。

こんな赤ちゃんの反応を見逃さないで

発達障害の場合、顕著にあらわれていなくても赤ちゃんは生まれながらに特性を持っています。赤ちゃんの様子や反応を注意深く観察しましょう。

自閉症児を持つ母親などに赤ちゃんのときの状態を聞くと「人見知りをしない子だった」「夜泣きをしない子だった」というように「手のかからない子だった」という声が少なくありません。反対に「いくらあやしても泣き止まなかった」とか「特定のおもちゃしか興味を持たなかった」という「困った子だった」という声もあります。

発達障害の特性は、その子どもの個性でもあるので、あらわれ方は子どもによってそれぞれ違ってきます。しかし、いくつかの傾向があります。もし、子どもの動向が気になったら、なるべく早めに保健所や病院に相談しましょう。

3歳を過ぎたら「かんしゃく」に注意

3歳を過ぎたころになると、自閉症スペクトラムの特性を持っている子どもは、しばしば急に奇声を発したり、自分の腕をかんだり、自分の頭を壁に打ちつけたりすることがあります。「かんしゃく」や「パニック」と呼ばれる行動です。こうした行動には子どもなりの理由があります。

自閉症スペクトラムの子どもには「感覚の過敏性」があるといわれて

幼児期（3～5歳）にチェックしたい 子どもの「サイン」

- □ 偏食（食べものの好き嫌い）
- □ 言葉が出ない
- □ 手のひらを自分に向けて逆さバイバイをする
- □ 文字にまったく興味を示さない
- □ 指差しで教えない
- □ 人の手をとってモノを得る「クレーン現象」
- □ オウム返しに言う
- □ 気に入ったことをいつまでも続けている
- □ 目を離すとどこかにいってしまう
- □ 手をつないでいても振り切って行ってしまう
- □ 新しいこと、モノ、場所を受けつけない

かんしゃくのサインが出やすいのはこんな時

かんしゃくをおこす理由を考えてみましょう

初めての場所では、よくかんしゃくを起こす

考えられる理由▶ 予定が突然変わる、急に外出するなど普段と違う行動が理解できていない場合がある。

話しているうちに、大きな声を上げてしまう

考えられる理由▶ 言われていることが理解できない場合がある。

なにもしていないのに突然かんしゃくを起こす

考えられる理由▶ なにかしてほしいことがある、なにかほしいものがある、なにか気づいてほしいことがあるのに自分の意思や要求が伝えられない場合がある。

いつもと違う部屋で食事をしようとすると、大きな声をあげる

考えられる理由▶ 空間の雰囲気、様子が突然変わったのでなにをすればいいのかわからない場合がある。

テレビの音量を変えただけでかんしゃくを起こす

考えられる理由▶ （子どもにとって）不快な音や声が聞こえる場合がある。

います。これは、身の回りの音や光が非常に強く感じられたり、温度やにおいという感覚について私たちとは違う感じ方をしたりしている状態をいいます。

感覚の過敏性を持っている子どもたちは、私たちが体験している世界とはまったく違った感覚の世界に住んでいると考えてみましょう。そしてその世界はしばしば不安や緊張に満ちあふれた世界なのです。また、他人の話している言葉が理解できず、相手の表情がなにを意味しているのかを読み取れないという状態も「特性」の一つです。ちょうど私たちが、言葉も文字もまったくわからない外国にたったひとりで放り出された状態を想像してみるとわかりやすいでしょう。

このような状況で、自分が対処しきれないできごとが発生してしまったときや、不安や恐怖を強める刺激が加わったときにパニックやかんしゃくが起こります。つまり、パニックやかんしゃくは不安や恐怖が自分ではどうすることもできない極限に達してしまっている、誰か助けてほしい、というサインなのです。

したがって、パニックやかんしゃくそのものを止めようとするのではなく、パニックを引き起こしてしまうような子どもをとりまく環境要因を調べることが大切になります。

さまざまな支援を積極的に利用する

特性を持つ子どもを支援するさまざまな公的なサービスや機関があります。子育てや学校選びに不安やとまどいがあったら積極的に利用しましょう。

公的機関を積極的に利用する

入学前にも入学後にも特性を持っている子どもには、さまざまな支援が必要です。そうした支援を保護者だけで行うことは現実的に不可能です。公的機関を積極的に活用しましょう。

入学前には、各市町村にある保健所や児童相談所で相談できます。小学生・中学生の場合は、児童相談所の他に各都道府県に設置されている「精神保健福祉センター」があります。このセンターでは、心の健康相談（引きこもり、精神障害相談など）を行なっています。

また、学校の中でも支援体制を作ってもらうことができます。特別支援教育コーディネーターという役割の先生に相談しましょう。特別支援教育コーディネーターは、校内委員会と相談して医療機関や福祉機関、専門家の紹介や調整を行います。入学したら積極的に相談してください。

保護者と子どもが一緒に専門機関に相談する場合、子どもが相談にいくことを嫌がる場合があります。そのようなときは保護者だけでも相談を受けつけてくれる機関がほとんどです。子どもが嫌がる場合は無理に連れていこうとせず、保護者だけでもまず相談にいってみましょう。また、どんなところか、なにをするところかを子どもに説明し、子どもの不安を取り除くことも重要です。施設の写真やパンフレットを見せたり、カレンダーにしるしをつけたりすることで子どもが安心して一緒に相談にいくことができるようになります。

相談できる公的機関

●保険／医療機関

地域の保健所や保健センターでは子どもの発達の相談にのっています。乳幼児期だけでなく学童期でも相談できます。医療機関では小児神経科や児童精神科が専門に診てくれますが、近くにない場合は、まず、かかりつけの小児科に相談しましょう。

●精神保健福祉センター

心の健康相談（引きこもり、精神障害など）の窓口で、各都道府県に一つ以上は設置されています。

●児童相談所

各自治体に設置してあり、18歳未満の子どもに関するさまざまな相談に応じる機関。教育や生活全般、子どもの発達状況や障害に関する相談や悩みなどに幅広く対応しています。

●発達障害者支援センター

発達障害児（者）への支援を総合的に行う専門機関。保健、医療、福祉、教育、労働などの関係機関と連携し、発達障害児（者）と、その家族からのさまざまな相談に応じ、指導と助言を行っています。

●大学の研究室に併設された総合相談センター

発達障害に関する相談窓口を持っている大学もあります。
例：東京学芸大学教育実践研究支援センター

金銭的な公的援助制度

自治体では、「療育手帳」（自治体により名称が異なる）や「精神障害者保健福祉手帳」などを発給しています。これを持っていると、療育など福祉医療にかかる費用の補助、公共交通機関の割引、福祉サービスなどを受けることができます。

障害を持つ20歳未満の子どもを対象に、月々一定の金額を援助する「特別児童扶養手当」という制度もあります。

金銭的な援助制度は無理に受けることはありませんが、必要なら申請を検討してみましょう。くわしい内容については、居住地の役所の保健福祉課や児童相談所などで聞くことができます。

●利用の可能性が考えられる公的な援助

療育手帳制度
（都道府県により「愛の手帳」「みどりの手帳」など名称が異なる）
知的発達に遅れがあり、社会生活の適応がむずかしい人が対象。１～５年の更新制。子どもの発達の程度によって受給基準の該当からはずれることもあります。

精神障害者保健福祉手帳制度
精神の障害があり、長期にわたって日常生活や社会生活に制約がある人が、福祉の援護を受けやすくすることを目的に交付されます。

特別児童扶養手当制度
身体や精神に障害がある20歳未満の児童を育てている人を対象に、月々一定の手当を支給する制度。障害の程度により１級と２級に分かれています。

「見守ること」の大切さ

特性があってもあまり神経質になる必要はない

2歳前後になると、いろいろな特性が目立つようになってきます。でも、この時点であわてる必要はありません。発達の特性は、放っておいても悪化することはほとんどないからです。小さな問題については、「見守る」ことにしましょう。あまり気にせず大らかな気持ちで育児をすることが子どもを安心させ、それによって発達が促進される場合もあるのです。

親が「特性」に気がつくこと、それは子どもたちが小さいながらも生活していくうえでなんらかの「困難」や「困り感」を持っているということに気がつくことです。

障害を早期に発見し早期に治療を開始することは大切ですが、発達障害の場合は、「できないこと」を「できるようにすること」にばかり気を取られないようにすることが大切です。

毎日の生活の中で子どもたちが感じている「やりにくさ」や「やるせなさ」のようなことをできるだけ軽減するように考えましょう。お父さんお母さんと一緒にいて安心、一緒に遊んで楽しい、と実感できる体験を持つことが大切です。

この時期にぜひやっていただきたいのは、お父さんお母さんご自身の不安な気持ちを、誰かに相談し、子どもの発達をともに見守ってくれる「サポーター」を探すことです。

親も赤ちゃんと一緒に成長し、育ちあう

「発達」というのは、赤ちゃんや子どもだけにあてはまる言葉ではありません。お父さん・お母さんも子育てをしながら一緒に成長・発達していくのです。家族と子どもがお互いに響きあいながら「育ちあう」こと、これが発達です。

発達には、安全で安心な環境が必要です。親が不安な感情を持っていると、赤ちゃんにも不安が伝わって安全・安心を実感することができなくなってしまいます。親が楽しい気持ちを持って育児をすることで赤ちゃんも楽しい気持ちで育っていくことができるのです。

第2章

子どもが伸びる「言葉かけ」7つの基本

発達障害の特性を持っている子どもは、他の子どもができることがなかなかできなかったり、周囲に理解してもらえず、強い劣等感や被害者意識を持っていたりする場合があります。子どもの抱えている特性にあわせて「言葉かけ」し、自信を持たせてあげることが子どもにとっての大きな支援となります。

言葉かけの基本は、「ほめて」伸ばす

子どもはほめられることで伸びていきます。たとえ小さなことでもほめてあげましょう。

ほめられることで、落ち着いてくる

偏食が多い、ひとりで着がえができないなど、特性を持っている子どもは、一生懸命がんばっていても普通の子どもと同じようにできないことがたくさんあります。

小さなことでも「できたこと」を見つけてほめてあげることは、とても大切なことです。誰でもほめられ認められることは、うれしいものです。

きょうは
グリンピース
ひとつぶ
食べられたね！

今まで、できなかったことをできたときには、特にほめてください。子どもは、ほめられることで成長し自己肯定感を高めていくことができます。自己肯定感とは、「自分は生きている価値がある」「自分は必要とされている」というように自分を肯定する気持ちのことを言います。家族や周りからほめられることで、自己肯定感が高まってくると、少しずつパニックが減り、落ち着いてきます。

特性がある子どもは家庭でも学校でもほめられることより、しかられることが多く、大きな劣等感を抱えている場合が多いのです。劣等感を抱えたままで、いつまでも自分に自信が持てずに二次障害になってしまう場合があります。子どものときの劣等感が、「大人になっても残り苦しんでいる」と、言う人もいます。

ほめることは、子どもの将来につながっている

ほめてばかりいると、結果的に子どもを甘やかすことになるのでは…、と思う保護者もいるかもしれません。もちろん、ほめることと甘やかすことは違います。

甘やかすとは、子どものわがままを許してしまうことです。特性があるからと甘やかしてばかりいては将来、自立も自活も難しくなってきます。

ほめるとは、小さくとも子ども自身が一つの壁を越えたことを認めることです。ほめるときは、お母さんだけではなく、お父さんや兄弟も一緒にほめてあげれば、より一層自己肯定感が高まっていきます。

普通の子どもにとっては何気なくできることでも特性を持っている子どもには、大きな壁だということを理解しましょう。子どもはできないことをしかられるより、できたことをほめてもらうことで伸びていきます。

特性を持っている子どもの子育ては、より長期的な視野に立って具体的に考える必要があります。

たとえば、小学校に入学するまでにひとりで着がえることができるようになる。入学したら卒業するまでにひとりで学校にいけるようになる。そして中学に入学したら卒業までパニックを減らす…といったように常に数年先を考えて支援していくことが重要です。

一人で着れたね
えらいぞ
すごいね
できたね！

指示は短く、わかりやすい言葉で具体的に

自閉症スペクトラムに限らず発達障害の特性を持っている子どもは、自分が今、なにを指示されているのか理解できない場合があります。指示の言葉かけのコツをつかみましょう。

短くはっきり言うことで理解できます

言葉の使い方、話し方を子どもが理解しやすいように工夫しましょう

手を洗ってからおやつを食べなさい
?
手を洗ってからおやつを食べる

長い文章で一度に複数の情報を与えると、忘れてしまったり、認知できなかったり、混乱しがちです

長い指示が苦手な場合がある

発達障害の特性を持っている子どもは、言葉の発達に遅れや偏りがあり、言葉で話しかけられるのが苦手な場合があります。とくに理解しにくい言い回しや話し方がいくつかあります。

まず、特性を持つ子どもは一般的に長い文章（指示）が苦手です。たとえば、「手を洗ってからご飯を食べましょう」と指示したのに、手を洗わずにご飯を食べ始めてしまう子がいます。お母さんの指示を無視しているのでも反抗的な態度をとって

いるわけでもありません。長い文章になると、文章の前半の部分は忘れてしまうのです。

また、「お茶碗を持ってきてちょうだい」と頼んだのに、別の物を持ってくる子どももいます。文章の後半の「持ってきてちょうだい」の部分はわかるのですが、その前の「お茶碗」という言葉が認知できていないのです。しかし、子どもなりになにかを持ってこなければいけないと思って、別の物を持ってきてしまうのです。そんなときは、指示の出し方を変えてみましょう。

指示は、短くわかりやすい単語で一つひとつはっきりと伝える

特性を持っている子どもに話しかけるときは、できるだけ短く、わかりやすい言葉を使うのがコツです。

たとえば、「手を洗ってご飯を食べましょう」という場合、まず「手を洗いましょう」と指示します。そして先に手を洗わせてから、「ご飯を食べましょう」と言えば、理解しやすくなります。

また、「お茶碗を持ってきてちょうだい」という指示する場合は、「お茶碗」の絵カードなどを見せて「持ってきてちょうだい」と言うというように一語一語はっきりと言葉を発すれば、聞き取ることができます。

言い方を少し工夫したら、ちゃんと理解できました！

文章を二つに分けて短くする、一語一語はっきり言うのがコツです

大きな声や命令口調は、逆効果

自閉症などの特性のある子どもは、音の感じ方が敏感な場合があります。健常者とは感覚が違うため、大きな声や音を怖がることもあります。たとえ相手がおもしろい話をしていても、声が大きいというだけで恐怖を感じることがあります。ときには大きな声が引き金になって、パニックを起こしてしまうこともあります。

指示に従わないからと言って大きな声をあげることは逆効果になってしまいます。おだやかな口調でやさしく指示を出すようにしましょう。

「ダメ！」と否定的で強い言葉でしからない

特性を持っている子どもに対して、「ダメでしょ！」といった否定的な強い言葉でしかってしまうと、こちらの予想以上に子どもを傷つけてしまうことがあります。

否定的にしかるより、やるべきことを指示する

子どもに対して、「○○してはダメ」「□□はいけないでしょ」と、しかったり注意したりすることがあります。しかし、このような否定的な表現を使うのはできるだけ避けましょう。特性を持っている子どもは、「いけません」と言われても、そのあとに自分がなにをすればいいのかわからないと、とまどってしまいます。なにかをダメというときには、代わりに「なにをすればいいか」を具体的に指示するよう心がけましょう。やるべきこと、してもいいことをきちんと指示するのがコツです。「ドアを開けっ放しにしてはダメよ」という表現は「ドアを閉めましょう」に、「着がえなくてはダメでしょ」は「着がえましょう」と、このように言い換えれば、子どもは理解しやすくなり、すんなりと行動しやすくなります。

否定的な言葉を聞くと子どもは混乱します

ただ「ダメ」「やめなさい」と言っても、
自閉症の子どもはそのあとになにをすればいいのかがわかりません

「具体的な指示」だと理解しやすい

特性のある子どもが理解しやすい

指示は、具体的な表現です。「あれを取ってきて」ではなく「コップを持ってきて」と具体的な指示を簡潔に言えば、子どもはとまどいません。「ゆっくり食べなさい」「早く食べなさい」などの抽象的な言葉よりも子どもが目で見てわかるような時計を指さして具体的に示すなどして指示を出すなどの工夫をします。

また、子どもが興味を持っている具体的なもの（こと）に結びつけて、目で見てわかるような表現に変えて理解につなげていくという方法もあります。

たとえば電車に興味を持っている子どもなら、「ゆっくり＝各駅停車（のスピード）」、「はやい＝快速電車（のスピード）」といった具合です。「朝ごはんは快速電車で食べよう」と言うことで理解しやすくなることもあります。

相手の言っている意味がよくわからないという状況は、子どもにとっても大きなストレスを与えてしまいます。話しかけるときは、直接的、具体的な表現を使うように心がけましょう。

なにをどうすればいいのか、具体的に示しましょう

なにをすればいいかがわかっていると、子どもは安心して行動することができます。具体的に「○○をしよう」と提案するのがコツです

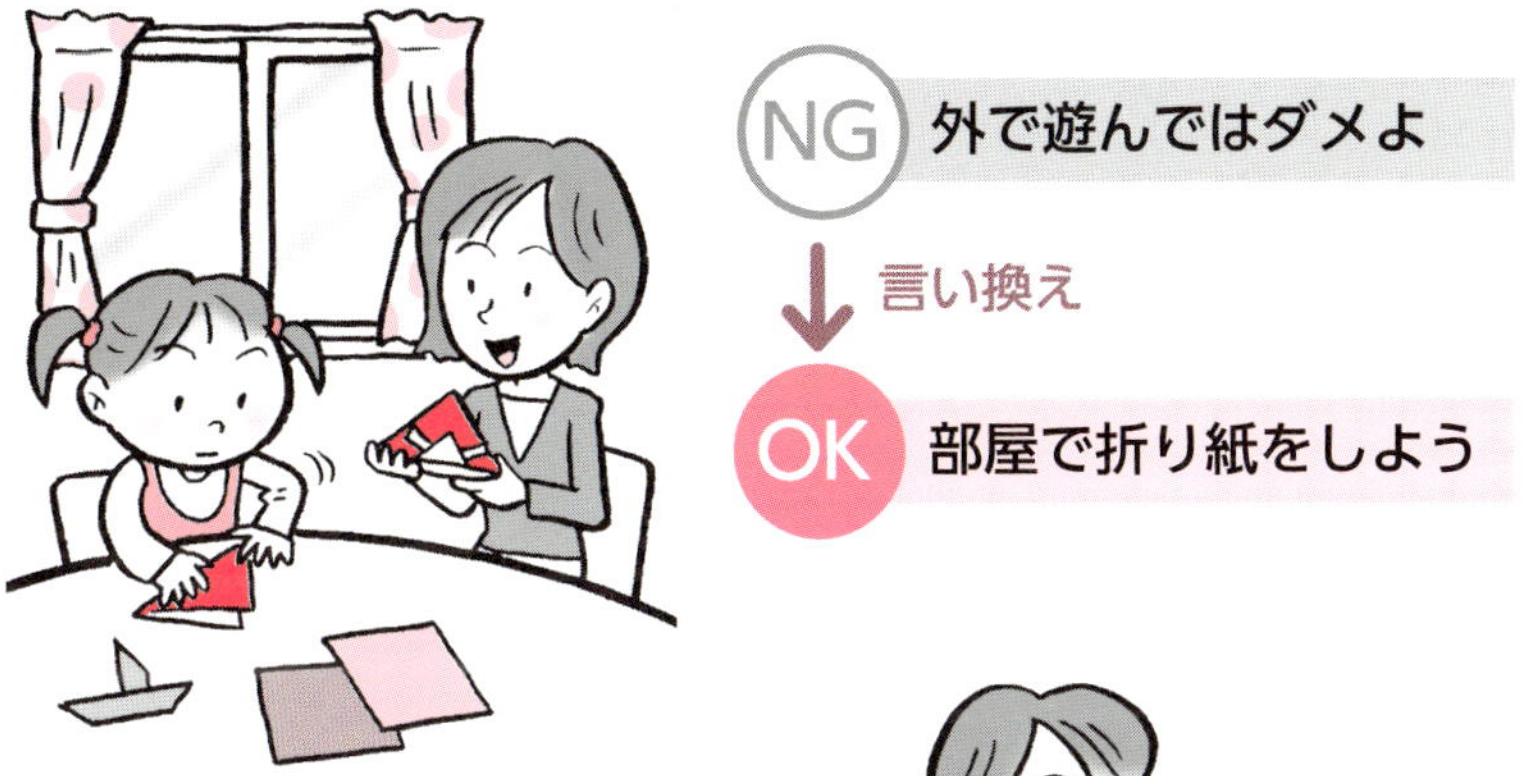
NG　外で遊んではダメよ
言い換え
OK　部屋で折り紙をしよう

NG　コップを置きっぱなしにしないの！
言い換え
OK　コップを片づけよう

しかったり注意したりする回数を減らす

子どもの欠点や失敗ばかり目について、一日に何度も子どもをしかったり注意していませんか。しかる回数を減らすだけでも子どもは安定してきます。

注意する回数を減らすことで気持ちを安定させる

ＡＤＨＤの子どもは、「不注意」「落ち着きがない」「衝動的」という主に3つの特性を持っています。モノをなくしたり、忘れ物をすることが多くなります。ジッとしていられずに食事の途中で立ち上がってテーブルからはなれてしまうなどなかなか落ち着いて一つのことに集中することができません。

「何度注意しても言うことを聞いてくれない」子どもの態度にお母さんは、一日中イライラして大きな声をあげてしまうことも多いかもしれません。子どもにとってもお母さんがおこっていることは理解できます。それでもどうしても行動を抑えられないことを理解してあげましょう。子どもだって「またしかられるかもしれない」と感じる場合も多いのです。

しかる回数を減らすだけで、子どもは安心し、気持ちが安定することができるのです。

一度、子どもの注目を引きつける工夫をする

ＡＤＨＤの子どもは、なにかに夢

中になっているときは、お母さんの声が「聞こえていない」場合もあります。何度も同じことを注意しても直らない場合は、はじめの注意が聞こえていなかったかもしれません。

一度、子どもの近くへ寄って注目を引いてから注意することで、子どもが理解しやすくなります。注意するときは、感情的になって大きな声を張り上げたり、命令口調で注意すると劣等感を持ったり反抗的になってしまうことがあります。「すぐにゲームをやめなさい」としかるより、「6時になったから、ゲームをやめようね」と言い換えることで子どもは指示を理解できます。

ADHDには、「不注意型」と「多動・衝動型」がある

マンガ「ドラえもん」に描かれている「のび太」と「ジャイアン」は、じつはADHDの子どもの典型像なのです。

「不注意型」＝不注意でぼんやりしているタイプ

「不注意型」は気が散りやすく、忍耐力に乏しく、はじめからダメだとあきらめてしまいます。困ったことが起きると冷静に考えずに、すぐに他人のせいにしてしまいます。しかし、人の心がわかり、やさしい気持ちにあふれています。

あまり問題行動を起こさないので、ADHDのイメージとは違いますが、注意散漫型のADHDといえます。

「多動・衝動型」＝衝動的で我慢できないタイプ

「多動・衝動型」は、思ったようにいかないと、急に怒りだすことがあります。順番を守らなかったり、ジッとしていることが苦手で身勝手に行動することが多いタイプです。しかし、活動的でリーダーシップを発揮することもあります。

「多動・衝動型」は、衝動的で集中力に欠け、感情の起伏が激しい典型的な多動のADHDといえます。

タイプは違うが共通点がある

- 忘れ物が多い
- 指示に従うのが苦手
- 気が散りやすい
- 飽きっぽい
- 思いつくといても立ってもいられない

というADHDの特性である「多動性」や「衝動性」の面で共通しています。

子どもがとまどう言葉かけを避ける

自閉症スペクトラムの子どもにとって皮肉や冗談、遠回しな言い方など理解しにくい表現があります。「なにを言っているのか」がはっきりわかる直接的な言葉で話しかけましょう。

皮肉や冗談は通じないことが多い

自閉症スペクトラムの子どもの中には、比較的たくさんの言葉を覚えてよくおしゃべりをする子どももいます。しかし、おしゃべりはするのに「具体的でない表現」を理解することがむずかしいことがあります。

「直接的でない表現」とは、慣用的表現、比喩、暗示、反語、まわりくどい表現などです。

たとえば、「お母さんは目が回るほど忙しい」と言うと、特性のある子どもは、お母さんの目が回ったのかと思って、お母さんの目をのぞき込んだりします。「お父さんは食べ過ぎてお腹が破れそう」と言えば、本当にお父さんのお腹が破れてしまうと、あわててしまいます。

皮肉や冗談も理解しにくい表現です。特性のある子どもにお母さんが愛情を込めたつもりで「おバカさんね」と頭をなでても、子どもは「自分はバカなんだ」と言葉通りに思いこんでしまいます。

また、「ゆっくり」「早く」「ちょっと」「うれしい」「楽しい」「悲しい」「きれい」「幸せ」「平和」といった抽象的な言葉も理解するのがむずかしいことがあります。

「短く具体的な言葉」だと理解しやすい

自閉症スペクトラムの子どもが、このような表現に戸惑うのは「想像する力」が不足しているため、と思われています。つまり、①経験や記憶を元にして一つの単語からイメージを広げる、②状況に応じて意味を使い分けて理解する、③言葉の裏に隠された別の意味を想像する、といったことが難しく、言葉通りに受け取ってしまうのです。

自閉症スペクトラムの子どもが理解しやすいのは、具体的な言葉や直接的な表現です。「目が回るほど忙しい」よりは「忙しい」と言い、「食べ過ぎてお腹が破れそう」よりは「食べ過ぎた」とお腹に手を当てると簡潔に言うことで、とまどうことが減っていきます。

回数や時間を具体的に言葉かけすると理解しやすい

特性を持つ子どもは、「おおざっぱ」な表現で指示されると混乱します。「○○回」「○○時まで」など具体的な回数や時間を示すことで安心します。

NG	言い換え	OK
✕ 夕食は少し待って	→	○ 7時になったら夕食よ
✕ 早く食べなさい	→	○ 7時30分までに食べ終えよう
✕ テレビはあとで	→	○ テレビは8時から
✕ 手はしっかり洗って	→	○ 手は10回洗おう
✕ 脱いだ服はすぐに片づけて	→	○ 脱いだ服はこのカゴに入れて

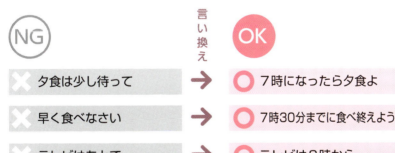

毎日の予定表を作って声をかけて確認しよう

特性を持っている子どもは、次になにをやるのかわからないと不安になります。目で確認しやすいように一日のスケジュール表を作ることで子どもが安心し安定する場合もあります。

スケジュール表で次にやることを確認させる

特性を持っている子どもは、次になにをやるのかわからないと不安を感じてしまいます。そこで、次になにをすればいいのかを目で見て確認できるように、一日のスケジュール表をつくってみましょう。子どもは、言葉よりも絵や写真のほうが理解しやすいですから、イラストを使うなど目でみてわかるような工夫をすることがコツです。できあがったスケジュールを親子で確認しながら行動することで言葉よりも絵や写真

7時半になったら学校に行く準備をしようね
おはよう
歯みがき
宿題
朝ごはん
夜ごはん
着がえ
テレビ
学校にいく
おふろ
おやつ
おやすみ

の方が理解しやすいですから、イラストを使うなど目で見てわかるような工夫をすることがコツです。

　スケジュール表を指さしながら、「ゲームは6時までだよ」とか「8時になったらお風呂に入ろう」といったように次にやることを確認しながら声をかけてあげましょう。

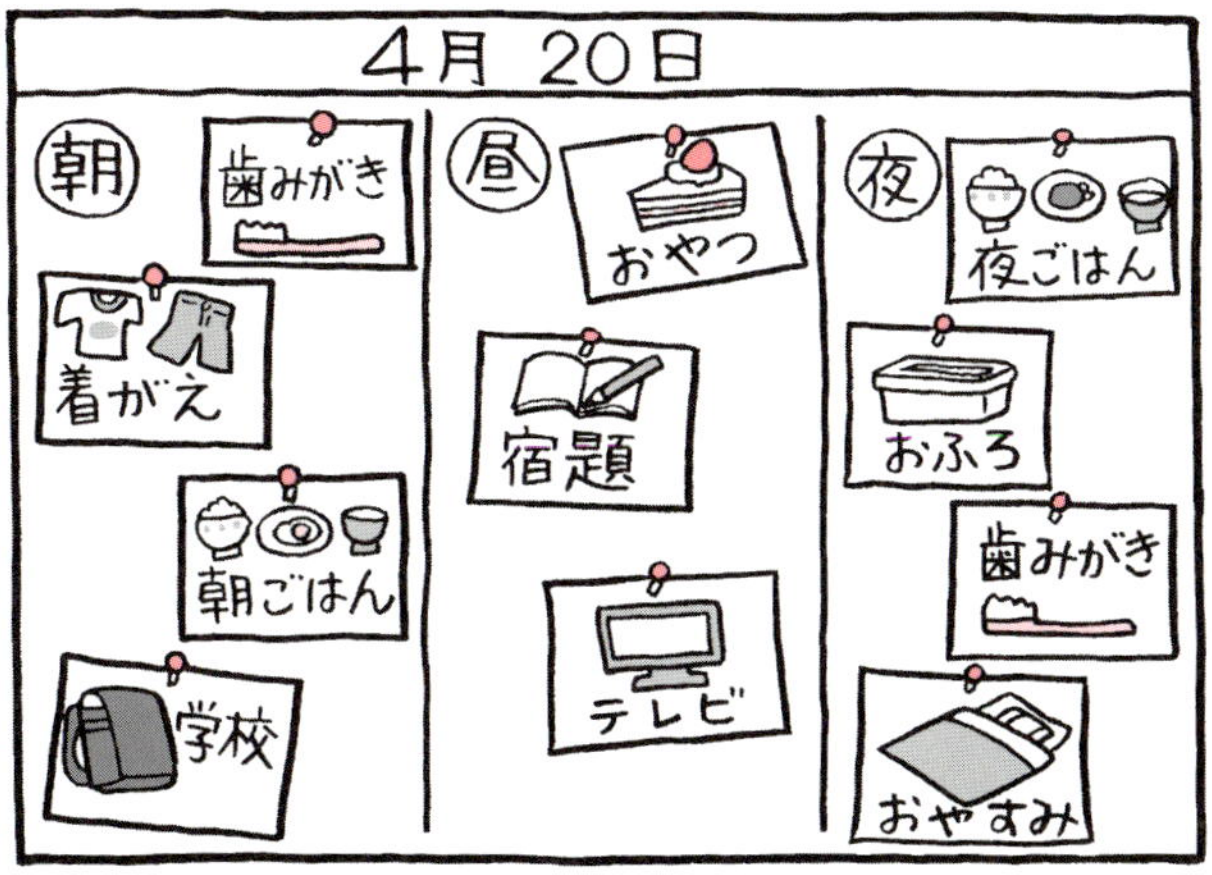

スケジュール表は、特性に合わせて作る

　自閉症スペクトラムの特性を持つ子どもの中には、あまり細かく時間割をすると、とにかく時間に合わせようとかえって混乱してしまう場合もあります。また、むずかしい漢字で書いた方が喜ぶ子どももいます。

「7時にお風呂」と文字で書くより時計のイラスト（写真）とやるべきことを描いたイラスト（写真）を並べることで、より時間の流れを感覚的に身につけられるようになる場合もあります。スケジュール表は、子どもの特性や理解度に合わせて作り、なるべく目立つ所に貼ると効果的です。

　子どもだけではなく、お父さんとお母さんの行動もスケジュールにして視覚化（目で見てわかるようにすること）することで、お父さんとお母さんの行動がわかって子どもが安心する場合もあります。

　子どもがスケジュール通りにできたときは、「よくできたね」とほめてあげたり、ごほうびをあげると、がんばる気持ちが高まってきます。

体罰は、百害あって一利なし

体罰で特性が治ることも、子どもが成長することもありません。逆に親を恨んだり深い傷を負ってしまうことの方が多いのです。

体罰には有害な作用しかない

いっしょうけんめいに子育てしても、子どもが思うように育たないことで裏切られたような気持ちになったり、親としての自信を失いそうになることはどんな子どもの親でも経験のあることです。特性を持つ子どもを育てていれば、子どもの存在自体が腹立たしくなって、思わず手が出てしまったことがあるかもしれません。しかし、体罰で子どもが成長することは絶対にありません。体罰は一時的に効果があるように思えても、長い目で見ると効果的なしつけではありません。

体罰は、親とのきずな、のびのびとした心、おとなへの信頼感、周りの人を好きになる気持ちなど子どもが本来持っている大切なものを壊してしまうのです。

二次障害を招くこともある

親が体罰をすることで、体罰をした親への怒りと憎しみが生まれてしまいます。たたかれて育った子どもは、学校で友だちに暴力を振るって自分の意見に従わせようとする場合もあります。

あるいは、体罰で抑えつけられることでいつもビクビクとおびえている状態になり、なにごとにも消極的になって将来の自立への意欲も希望も無くなってしまいます。

失敗するたびにたたかれることで体罰への恐怖心から、不登校になったりうつ状態になるといった二次障害を招いてしまうこともあります。おとなになっても体罰を受けたトラウマが消えないという人は多いのです。

欠点を無理に直そうと手を上げるよりは、できたことを「がんばったね」とほめてあげることが特性のあるなしにかかわらず、子どもを伸ばすことにつながります。

ABA（応用行動分析）を利用した療育とは

良い行動を伸ばし、悪い行動を減らす、という考え方

最近、発達障害の子どもの療育としてABA（応用行動分析）を利用した方法が注目されています。ABA（応用行動分析）は、アメリカの心理学者で行動分析学の創始者といわれるスキナー博士（1904年〜1990年）などが唱えた行動主義の考えから生まれた理論です。人間の行動は学習によって獲得されたものであり、不適応な行動は誤った学習の結果として起こる、という考え方です。

このABAの考え方を自閉症スペクトラムなどの発達障害の子どもの療育に取り入れて、悪い（問題）行動を減らして、良い行動を伸ばし、維持し、常態化していこうという試みがある程度の効果を上げていることから教育関係者や保護者から注目を集めるようになりました。

ABAの考え方を取り入れた療育とは簡単に言えば、①親が子どもに「指示」を出す。②子どもが指示通りに「行動」する（行動しない）。③行動に応じた「結果」を子どもに与える（ごほうび、または罰）を繰り返すことで、良い（望ましい）行動を増やし、問題（望ましくない）行動を減らしていこう、というものです。

しかし、ABAによる療育がすべての特性を持つ子どもに効果があるわけではなく、逆に子どもに大きなストレスになってしまう場合もあります。ABA療育に興味がある場合は一度、お医者さんや専門家に相談してみるとよいでしょう。

特性を持つ子どもの療育については、ABA以外にもさまざまな考え方があります。しかし、基本は子どもの立場に立って、子どもがストレスを感じないように親子の信頼感を保つことが前提になります。

第3章

子どもの気になる行動を減らす言葉かけ

発達障害の特性を持っている子どもは、しばしば突然パニック（かんしゃく）を起こしたり、何度も同じ行動を繰り返すといった「気になる」行動を取ります。そんなときに声をかけてあげると、子どもが落ち着く言葉があります。

パニックを起こしたときに落ち着かせる言葉

特性を持っている子どもは、しばしばパニック（かんしゃく）を起こすことがあります。パニックを起こしたときは、そっとしておくのが基本ですが、声をかけてあげると落ち着く場合もあります。

パニックを起こしたときは、しからないのが基本

パニック（かんしゃく）は、自閉症スペクトラムの特性を持っている子どもが起こす「問題行動」の一つです。突然、奇声を発したり自分や他人にかみつくこともあります。また物を投げつけたり押し入れに入ってしまったりといった行動もあります。パニックには、必ず理由や原因があります（囲み記事参照）。

パニックを起こしたときは、「静かにしなさい！」などとしからないことが基本です。子どもがパニックを起こしそうな気配を察したら、すぐに子どもの気持ちになって、「いつもと違うから嫌なの？」というように言語化してあげると落ち着くことがあります。

前もって変更や変化を説明しておく

　公共の場でパニックを起こされると、つい、大きな声でしかってしまったり、公共の場に子どもを連れていくことが「おっくう」になってしまう保護者もいるようです。重要なことは、パニックを起こさせないように工夫することです。そのためには、子どもがパニックを起こす状況や傾向を普段から把握しておくようにしましょう。

　特性を持っている子どもにとっては、「あらゆる変化」が大きなストレスになります。予定が変わる、家具の位置が変わる、食事のときに座るいすが変わる…。

　普通の人にとってはささいなことでも「変わった」ことががまんできずに大きな声を出してしまうこともあります。なにか変化が予定されている・予測される場合はあらかじめ説明して心の準備をさせることが役にたちます。出かけるときは、「明日は電車に乗るよ」、「今日はバスに乗るよ」などと、前もって簡潔な言葉で説明することで、パニックの原因を一つ減らすことができるわけです。

　事前に説明して子どもがパニックをおこさすに上手に行動できたときには、「ありがとう」「えらいよ」と言葉をかけてあげましょう。ほめられることで子ども自身もパニックを回避する行動を少しずつ覚えていきます。

注意するのは、クールダウンしてから

　クールダウンとは、パニックが次第におさまってきた状態のことを意味します。パニックは通常、時間の経過とともに落ち着いてきます。注意する場合は、クールダウンしてから声をかけましょう。

パニックの理由や原因

予期していないことが起きた

スケジュールが突然変わる
次に行動することが理解できていない
不安感が強く、新しいことに対応できない

言葉が通じていない

言われていることが理解できていない

自分の意思や要求が伝えられない

何かしてほしいことがある
何かほしいものがある
何か気付いてほしいことがある

不快なことがある

不快な音や声が聞こえる
目ざわりな人やモノが見える
不快な感触がある

とまどう環境に置かれている

何をしていいのかわからない
今やっていることをいつまでやればいいのかわからない
空間の雰囲気やようすが突然変わった

しかっても聞かないときは、しかり方を変えてみる

特性を持っている子どもは、長い時間話しを聞いたり、複数のことを注意されても理解することが難しい場合があります。しかり方には工夫が必要です。

長いお説教には効果がない！

子どもが小学校の高学年になったのになかなか言うことを聞いてくれないと、つい大きな声をあげたり、長々とお説教をしたくなります。しかも、お説教しているのに子どもはまったく聞いていないとなると、怒りはますます大きくなって、爆発してしまうこともあるでしょう。

しかし、子どもはお説教を聞いていないわけではありません。特性によって相手の話していることが理解できない場合があります。特にその場の失敗のことではなく、「前にも言ったでしょ」などと以前の失敗を蒸し返して、しかっても理解できない場合が多いのです。「アレもコレも」と次々としかっても効果はありません。

しかる時は、

- そのときその場でしかる
- 短いことばで具体的にしかる
- どうすればしかられないかを具体的に教える

といったように工夫してみましょう。

お母さんよりお父さんの言葉を理解する場合がある？

特性を持つ子どものお母さんの中には、「私の言うことはちっとも聞かないのに、お父さんや先生が言うと効果がある」という人もいるかもしれません。なぜ、子どもはお父さんの言うことは聞くのでしょうか。そう思ったら、お父さんの話し方をよく観察してください。

お父さんは、

- メリハリがはっきりしている
- しかるときの声が低い
- しかるポイントがはっきりしている

といった特徴があるかも知れません。自分のしかり方とお父さんのしかり方の違いをしらべてみましょう。思い切ってお父さんに意見を聞いたりしてしかり方を工夫してみましょう。一般的には感情的にしかったり、思い出したことを一緒にしかったりすることはあまり効果がないようです。

子どもの気持ちを想像してみる

子どもが今なにを見たり聞いたり感じたりしているのかを、子どもの視点で子どもの気持ちになって想像してみましょう。私たちが常識と思っていることも、子どもたちにとってはそうでないかもしれません。暗黙のルールを理解することは、発達障害の特性を持った子どもには非常に難しいことです。子どもがどの程度理解できているのか、どの程度のことなら判断できるのかを、常に観察しながら読み取っていくことが大切です。「6年生なんだからこのくらいはわかるだろう」と思うのではなく「6年生になったけれど、このくらいはわかっているかな？　どうかな？」と考えながら行動を観察してみましょう。私たちが期待している行動がどのくらいまで達成できているかを自分なりに評価してみることで、必要なてだてや支援を考えていくことにつながります。できないことをしかるのではなく、どこまでできているかを判断するきっかけにしてください。

食事時の気になる行動―①

特性を持つ子どもの中には、気に入ったおかずしか食べない極端な偏食をする子どもがいます。苦手なものを無理に食べさせるより食べたことをほめてあげましょう。

同じおかずしか食べないのはこだわりのため

特性を持つ子どもは食事についても強いこだわりを持っている場合が少なくありません。もっとも多いのは偏食です。何ヵ月も決まったおかずや好きなものしか食べない、温かいものが食べられない、ご飯はつぶしてからでないと食べない。紙パックの牛乳は飲まないなどといった例もあります。

ある子どもの場合は、特定のハンバーガーショップのハンバーガーしか受けつけず、他のお店のものをこっそり包装紙だけを取り替えて与えても気がついて食べようとはしませんでした。また、ある子どもは焼きそばの具をきれいに選り取って、具とそばを別々にしてからそばだけを食べるケースもあります。ある時期に、こだわっていたものがなにかのきっかけで突然変わってしまうこともあります。

特性を持つ子どもの偏食は単なる好き嫌いによるものではなく、食べ物の味、色合い、におい、食感などの感じ方が通常と異なっているために起きていると考えられています。

偏食や食事時の行動の問題が身体的問題（栄養障害など）につながることはほとんどありませんので、ある程度食べられるものだけを食べさせていても構いません。

残したことをしかるより食べたことをほめてあげる

こだわりのために特定の野菜などが食べられない子どもに対して、なんとか食べさせようとして、つい「お野菜も食べなきゃダメでしょ」とか「お野菜食べなきゃ、ハンバーグを食べちゃダメ！」などと大きな声でしかってしまうこともあるかもしれません。しかし、偏食は本人には、どうしようもないものなのだと理解してあげましょう。

食事のたびにお母さんにしかられたのでは、子どもにとっては楽しいはずの食事の時間が苦痛になってしまいます。

食べないことや残したことをしかるより、好きなものを全部食べたことをほめてあげましょう。ほめられることで子どもは、食事が楽しくなり、もっとほめられたいと思うようになります。

しかられてばかりいると、食事が嫌いになります

○○を食べなきゃ××を食べちゃダメ！

まずは、食べたことをほめてあげると、子どもは食事が楽しくなります。

お豆はまた明日挑戦してみよう

食べさせ方、料理のしかたを工夫してみましょう

もっとほめられたい、と思う子どものやる気を上手に利用して、「じゃ、こっちのお野菜にも挑戦してみようか?」というように、やさしく声をかけることで、食べられるようになる場合もあります。

どうしても食べなかった場合でも「やっぱりダメか」などとがっかりした顔を見せずに、「また明日、挑戦してみよう」と声をかけましょう。

料理のしかたを工夫することで、食べられるようになる場合もあります。野菜の形がわかるような料理が苦手な子どもに対しては、細かく刻んでハンバーグなどに混ぜ込んだり、代用できる食材を使うなどためしてみましょう。子どもが食べるようになる場合もあります。

食事時の気になる行動——②

ＡＤＨＤの子どもは、じっとしていることが苦手です。食事のときもなかなかじっとテーブルについていることができない場合があります。

まわりが気になって食事に集中できない

偏食の他に食事のときに気になる行動には、じっと座って食べることができず、途中で席から離れて歩き回ったり、他のことを始めてしまったりという行動があります。特性のために一つのことになかなか集中できない場合にこのような行動が目立つようになります。多動傾向がある子どもはすぐに気が散ってしまうので、食事中でも他のことが気になってしまいます。

このような場合は、「いつも言っているでしょ。食事中はよそ見しないの！」などとしかっても、あまり効き目がありません。こうした行動は、特性のために起きているものなので、本人にはどうすることもできない部分があると理解してあげましょう。

食事に集中できるような環境をつくる

食事に集中できない子どもに対しては、可能な限り食事に集中できるような環境づくりを心がけましょう。たとえば、食事以外の余分な刺激（テレビやおもちゃなど）を食卓から遠ざける、テレビを消す、テレビを見る部屋と食事をする部屋を分けるなどの工夫をすることで落ち着く場合があります。

食事時間になってもなかなかテーブルにつかない子どもに対しては、「早くテーブルにつきなさい！」と声をかけるよりも、少し前に「7時になったらテーブルにつこう」とか、「この番組が終わったら食事だよ」と子どもが準備ができるように声をかけてあげることで、自分からテーブルにつく気持ちにさせましょう。

あるいは、子どもが喜ぶゲーム感覚で「7時半までに食べたら、お父さんとゲームをしよう」などといろいろな工夫を試しながら、子どもが「食事は楽しいもの」と理解できるような体験をさせましょう。

しかられても子どもは食事に集中できません

食事に集中できる言葉をかけましょう

ルールやマナーが理解できないときは

子どもの特性によっては、学校や生活をしていくうえで必要なルールやマナーをなかなか覚えることができず孤立してしまう場合があります。

ルールやマナーを覚えることが難しい

子どもたちは、学校生活を通して少しずつ社会性を学んでいきます。

たとえば、あいさつは社会生活には欠かせないマナーです。通常は教えてあげれば、朝は学校や教室に入ってくるとき「おはようございます」、友だちには「おはよう」と、あいさつできるようになります。初め戸惑うことはあっても、まわりの様子を見てすぐに覚えるでしょう。

ところが、コミュニケーションの特性がある子どもの場合は、「おはようございます」という言葉は、いつ、どこで言ったらいいのか戸惑ってしまう場合があります。そのためにあいさつをしなかったり、関係のない場面であいさつをしてしまったりすることもあります。あいさつが覚えられないことでいじめにあったり、孤立してしまったりするケースもみられます。

また、ある程度ルールやマナーは理解できても、順番を守らなかったりその場の雰囲気を読み取って行動したりすることが苦手な子どももいます。「暗黙の了解」ができないということです。他の子どもが指名されて発表しようとしているのに勝手に割り込んで自分の意見を言ってしまったり、マンガのストーリーを先に教えてしまったりする子どももいます。

言葉よりも「可視化」でルールを理解しやすくする

特性を持つ子どもは目に見えないことを理解・想像することが難しいため、ルールやマナーを身につけるために工夫が必要です。そのための有効な方法は「可視化」です。これは文字通り「目に見える」形にすることです。すべてのルールを可視化することは無理ですから、「絶対にこれだけは守る」ということをいくつか選び、壁にはり出したり小さな紙に書いて子どもの机に貼っておいたり、手帳にメモしていつも携帯したり、いつでもそれを参照することができるようにするとよいでしょう。

家庭と学校が連携してこそルールとマナーは身につく

子どもにルールとマナーを教えるためには、学校と家庭が協力・連携することが大切です。また、守るべきルールが学校と家庭で共通であることも必要です。たとえば「学校ではだめだけど家ではやってもいいルール」では子どもは混乱してしまうでしょう。「人に会ったときにはあいさつをする」「人が話しているときはその人の話を終わりまで聞く」というような簡単なルールを、家庭と学校で共通のルールにして、少しずつ練習してみるとよいでしょう。

ルールに従って行動できたら、必ずそれをほめてあげることも大切です。学校でほめられたことを家でもほめてもらうことで、子どもはそのルールを習慣として定着していくことができるようになります。ほめる内容も家庭と学校で共有することで理解度は一層進みます。

「ほどほど」がわからないときにかける言葉

特性を持つ子どもは、「ほどほど」のところでやめる、ということができずに行動が極端になってしまうことがあります。

極端な行動をとってしまうのは「ほどほど」が理解できないから

「ほどほど」というのは非常にあいまいな表現です。特性のある子どもには理解することが困難な概念のひとつです。

「おなかがいっぱいになったらやめる」「暑くなったから上着は着ないよ」「そろそろ遊ぶのをやめよう」といったような、あいまいな指示は特性のある子どもにはうまく理解できず、なかなか従うことができません。

指示を出しているのに子どもが理解できずにとまどっている場合には、どのくらいが「ほどほど」なのか、お母さんや周囲の人が決めてあげる必要があります。

たとえば食事のときは、「ごはんはお茶碗2杯。おかずはこのお皿だよ」と、適量を取り分けてあげましょう。気温が10℃になったらこの服に着替える、時計の針がここまできたら次の遊びにする、など、目でみてわかる手がかりを使いながら「ほどほど」とはどれほどかを教えてあげるようにしましょう。

「ほどほど」がわからないのは「こだわり」のせいかも

発達障害の特性の一つに「こだわり行動」があります。ものの一部分や特定の手順などにこだわる行動をさします。一つのことにこだわると他に注意を向けたり適当なところで切り上げたりすることが難しいので、「ほどほど」がわからないのはこだわりからきている可能性があります。

通常、こだわり行動は、もちろん好きでやっている場合もありますが、子どもが不安を感じたり緊張したりする場面で強く見られるようになることが多いようです。つまり、いつもよりもこだわり行動が目立つときは、子どもがなんらかの不安を感じているか緊張状態にあることを示しています。そのような場合は、こだわり行動をやめさせようと努力するよりは、不安や緊張を和らげるような言葉かけをするようにしましょう。

食べ過ぎないようにしなさい！
？

ごはんはお茶碗2杯
お皿にのったおかずを食べてね！

不安や緊張は、子どものおかれている状況や環境によって引き起こされるものですから、子どものまわりに必ずその原因もしくはきっかけになることがあるはずです。いつもと違った状況になっていないか、あるいは強いプレッシャーがかかっていないかを点検してあげることが大切です。点検して原因らしいことがみつかった場合は、それを軽くするようなはたらきかけを心がけてください。原因となっている環境変化がとりのぞけない場合は、少なくとも子どもが「不安を感じているんだな、緊張しているんだな」と理解してあげることが必要です。

こだわり行動は、成長・発達とともに目立たなくなっていくことが多いです。あせって行動を修正しようと頑張らず、しばらく見守ってやることも大切です。

「こだわり行動」がエスカレートしたときにかける言葉

こだわりや気になる行動がエスカレートした場合は、「ダメ」としかるより具体的な指示を出すことで、気になる行動が減る場合があります。

こだわり行動に対する考え方

前述のように、こだわり行動は、成長・発達するにつれて次第に軽くなっていくことが一般的ですが、場合によっては行動がエスカレートしていくことがあります。それは、環境の変化やスケジュールの変化、年齢があがることで期待されることが増えることへのプレッシャー、引っ越しや就園・就学などの「ライフイベント」などがきっかけとなることが多いようです。ですから、そのような環境変化を点検しなおして対応することが必要ですが、そのようなときに対応するコツは、

●気になる行動・こだわり行動をよく観察・記録してみる

まずは、子どもとその周囲の環境をよく観察してみることです。

- いつもと違うことはなにか
- 昨日と今日で違うことはなにか
- 気になる行動はどのように始まりどの程度つづきどのように収まっていくのかあるいはエスカレートするのか
- だれがどのように関わるとその行動はどのように変化するのか

などが観察のポイントです。できれば気がついたことをノートに記録するとよいでしょう。記録するときには、その行動がみられた日時やその行動の内容だけでなく、周囲でおきていることも記録すること、場合によっては写真をとることもよいでしょう。

●記録をもとに原因・きっかけになっていることを分析してみる

記録がある程度たまってきたら、それをもとに冷静に分析してみましょう。その行動がみられるとき・エスカレートするときに、一定の傾向がないかどうかをみることがポイントです。行動がエスカレートする

きっかけになっているできごとがはっきりしていて、取り除くことができそうなら取り除いてあげましょう。また、その行動を繰り返させてしまう働きかけがないかどうかも注意してみましょう。たとえば、気になる行動が出現したときに、誰かが大声でしかったり無理矢理やめさせようとしたり叩いたり脅かしたりという働きかけをしていないかどうか、もしそのような働きかけをしている場合は、それらが「行動を維持・悪化させる要因」になっていることがあります。働きかけをやめることで、行動がすんなり落ち着く場合があります。

●危険じゃない行動は「見守る」

気になる行動が、本人や他人の体を傷つけたりものが壊れたりする可能性がある場合は止める必要がありますが、そうでない場合はしばらくの間「見守る」ことも役にたちます。もちろん、見守ることは放置することではなく、前述のような記録・分析をすることにつながります。

●気になる行動の「代わり」になる行動を指示してみる

子どもの行動に対して「ダメ出し」することはもちろん大切なことですが、そこで終わりにしないで、ではどうすればいいのかを教えてあげるようにしましょう。ダメ、と言われるだけ（しばしば大声で）では子どもはなにをしていいのかわからないためにかえって不安や緊張が強くなってしまいます。できるだけ穏やかに声をかけて行動を止め、かわりに「こうすればいいよ」「こんなふうにしてみたら」というように具体的に指示をだしてみることです。子どもがすんなりその指示に従った場合は、きちんとほめてあげるフォローも必要です。

●うまくいったことを繰り返す

子どもへの対応で、一度やってみてうまくいかなかったことは、おそらく繰り返してもうまくいかないでしょう。うまくいかないことを繰り返してしまうこと、それは子どもにとっても対応することになっても失敗の連続ということですから、避けた方がよいです。うまくいかなかったら、次はまた「ちょっと違う対応」を試してみる、ちょっとずつ対応を変えてみる、気長にやってみるのがポイントです。試行錯誤の連続ですが、あきらめず「ネバーギブアップ」を合い言葉にがんばってみましょう。

解説

「言葉かけの重要性」…子どもの非行を防ぐ

塩川宏郷
筑波大学人間系障害科学域

私たちは、毎日、子どもにさまざまな言葉をかけています。なに気なく使っている言葉でも、ときには相手を傷つけたり悲しい思いをさせたりする作用がありますが、そのことに気づいている、あるいはそれを意識して使っている人はあまりいないのではないでしょうか。ここでは、ちょっとした言葉かけの持つ重要な意味について考えてみたいと思います。

小児期の逆境的体験（adverse childhood experiences, 以下ACEと略）という言葉をご存知の方は少ないかも知れません。これは、子どもの頃（おおむね18歳頃まで）に経験した逆境（苦労の多い不運な境遇）、すなわち子どもの発達にとってマイナスの影響を与えるストレスや境遇などを意味します。

人は一生のうちにさまざまな体験をしますが、その体験の中には人生の糧《かて》になるような体験もあれば、苦痛を与え後々にも苦い思い出あるいはトラウマとして残ってしまう体験もあります。そのような体験の中で、子どもの発達や行動、精神面に大きな影響を与える要因として注目されているのがACEです。ACEの頻度や期間が長いほど、経験したACEの種類が多いほど、成人してから身体面・精神面にさまざまな影響を及ぼすとされています。特に注目されているのは、青年期の「非行」との関連です。

ACEは大きく二つにわかれます。一つは「虐待」、もう一つは「家族の問題」です。虐待には「身体的虐待」「心理的虐待」「性的虐待」「身体的ネグレクト」「心理的ネグレクト」です。家族の問題としてあげられていることは、「家庭内暴力（家族内の暴力行為、夫婦間・きょうだい間の暴力等、いわゆるDV）」「薬物問題（同居している家族による違法な薬物の乱用・依存）」「精神疾患（同居している家族の精神疾患、アルコール依存を含む）」「両親の別居・離婚（両親だけでなく保護者を含む）」「犯罪傾向（同居している家族の非行・犯罪傾向、収監経験等）」です。

ここで注目したいことは虐待の中でも「心理的虐待」「心理的ネグレ

クト」の二つです。虐待の詳しい解説は他の書物にゆずることにいたしますが、言葉かけの面から注目すべきなのがこの心理的虐待・ネグレクトなのです。

「心理的虐待」は「子どもへの暴言、蔑み、冷やかし、必要以上の叱責」、「心理的ネグレクト」は「慰めや賞賛・被保護等の子どもの心理的な欲求に対する不応・無視」と定義されています。つまり、子どもを罵倒したり軽蔑したり冷やかしたりするような言葉かけや度を超えた叱責や理不尽なしつけなどは「虐待」にあたるのです。また、子どもが慰めてほしい・ほめてほしい・安心するような言葉をかけてほしいと求めているときに、それに応じないこと・無視することはネグレクトで、そのどちらもACEとして将来的に子どもの精神面や発達面に影響を与えるとされています。

ACEは、発達障害をもつ子どもの非行との関連についても検討されています。

子どもの非行を防ぐ言葉かけ

一般的に非行少年にはACEが多いのですが、発達障害をもつ少年とそうでない少年を比較してみると、発達障害をもつ少年のほうにACEが多い傾向があります。統計学的に検討してみると、ACEの中でも「心理的虐待」が発達障害をもつ少年に有意に多く認められました。つまり、発達障害をもつ少年は、非行を行う前に親や保護者から言葉の暴力ともいえる暴言や蔑みの言葉、激しい叱責をうけてきた経験を持つことが多いということです。しかも、これらの少年は非行が問題となってはじめて発達障害を指摘されたというケースが半数以上をしめているということもわかりました。

つまり、これらの少年は親や保護者に「発達障害に気づいてもらえず」に「心理的虐待を経験してきた」、ということです。言い換えれば、「発達障害に早く気づいて」「適切な言葉かけをしていれば」これらの少年による非行を食い止めることができたかもしれない、ということです。

もちろん、どの親や保護者も自分の子どもに非行をしてほしいとは思わないでしょう。もっとがんばってほしい、いい子に育ってほしいと思って子育てをしてきたはずです。

一方で、発達障害を持つ子どもは自分ではどうにもできない部分、がんばってもどうしても上手にできない部分があります。自分の弱点や苦手なところをつねに指摘され叱責され努力が足りないと言われ続けることで、自尊心は低下し自信を失い、がんばろうとする動機づけを失ってしまうことを繰り返している可能性があるということです。

非行は、そのほとんどはいろいろな意味での「教育の失敗」です。子どもの非行を予防するための、もっとも簡単でもっとも基本的な、そしてもっとも簡単でかつもっとも難しいことは、実は、子どもへの「言葉かけ」なのです。

気になる行動もとりあえずようす（経過）をみてみる

子どもに余計なストレスを与えないために必要なこと

特性を持っている子どもは、健常の子どもとは違う行動をします。親からすれば、それが気になる「問題行動」として見えることがあるかもしれません。

たとえば、ミニカーのようなオモチャを並べることに「こだわり」を持っている、とします。そのような場合、止めさせるよりも親も一緒になってより長く並べてあげることが、子どもとの「体験の共有」になり、「長く並べたねー」と一緒に喜ぶことが「感情の共有」につながります。子どもの行動を認めて、肯定してあげることがコミュニケーションの土台になっていきます。

また、ドアの開け閉めを何度も繰り返す「こだわり」を持っている、というような場合も無理に止めさせると、パニックを起こしたり余計に繰り返したりする場合があります。もし、ドアの開け閉めによって大きな音がするなら、音がしないようにテープを張るなど工夫をしてあげることで、問題はある程度解決するはずです。

言葉の問題にしても、無理にイスに座らせて言葉を教えるようなことは、2～3歳の時期にはあまり効果が期待できません。子どもに余計なストレスを与えるだけでなく、このことによって新たな問題行動を子どもが引き起こしてしまうこともあります。

子どもがなかなか言葉を話さない場合は、言葉を使わなくても意思の伝達ができる工夫がないか考えてみましょう。身振り手振りやサイン、絵や写真を使ったカードなどが手助けになることがあります。

会話ができなくてもある程度意思の疎通ができるなら、それでいいというお母さんお父さんの気持ちや態度が子どもに安心感を与えます。

気になる行動や言葉の獲得の遅れは、無理に矯正するのではなく経過をみることも大事なことです。

第4章

「日常の生活」を楽にする指示の出し方とは

子どもが成長するにしたがい、トイレや洗面や歯みがき、お風呂など日常の生活でさまざまな「気になる行動」が出てくることがあります。子どもが毎日の生活を快適に過ごせるような指示の出し方があります。

トイレ（排泄）のトラブルを軽くする指示の出し方と視覚化

ひとりでトイレ（排泄）ができることは基本的な生活スキルの一つです。トイレの手順を細かいステップに分けてできない場合は、「できないこと」を考慮しながら、指示を出していきましょう。

ほめながら少しずつ身につけさせる

ひとりでトイレ（排泄）ができるようになるには、尿意や便意の確立、意思表示や衣服の脱着、トイレを出た後の手洗いまでさまざまな段階があります。こうした流れは、健常児でもしっかり覚えてひとりでできるまで時間がかかるものです。

特に自閉症スペクトラムの特性のある子どもの場合には、ズボンをいつ下ろすのかということも、なかなか難しいものです。「トイレに入ったらすぐにズボンを下ろしなさい」といっても、「すぐに」という言葉が抽象的で「いつ」なのか、なかなか理解できません。目で見えるように、しっかりイラストや写真を使って表を作って手順を教えましょう。

トイレの手順を教える

❶ 毎朝決まった時刻にトイレに行く習慣をつける

便意や尿意がはっきりわからない子どももいます。排便は、睡眠や食事と同じ生活スケジュールの一つと考えるようにしましょう。トイレにいくタイミングを失って、排便を失敗してしまうことを減らすためにも大切なことです。

❷ 手順は細かいステップに分ける

たとえば、トイレのやり方は「電気をつける」から始まって、「ズボンとパンツを下げる」→「便器にすわる」→「ウンチをする」と、動作を一つひとつ区切って説明します。トイレの水を流すときは「1回流す」などと、回数もはっきりと説明します。

❸ 最初のうちは手助けする

最初は手を添えてあげたり、ヒントを出したりして手助けします。

4 少しでもできたらほめる

手順が二つくらいできたらほめる。その次は、さらにもう二つの手順ができるようになったらほめるという具合に、ほめながら進めていきましょう。ほめてやり、ごほうびを渡すと、それが次もがんばってできるようにしようという動機づけにもなります。

トイレの環境を変える

大人にとってはなんでもないトイレの空間も、狭さや照明の暗さ、あるいは臭いが苦手という子どももいます。特性のある子どもの場合も、暗さや芳香剤の臭いなどからトイレの環境が嫌いでなかなかトイレにいきたがらない場合があります。

照明を明るくしたりトイレの壁紙を子どもの好きな色に変えたり、好きなキャラクターを貼ったりするなど子どもが楽しくトイレに入れるような環境を工夫してください。

ひとりでウンチができるようにするには

目で見てわかりやすいようにイラストや写真を使って表を作りましょう

トイレの中の見やすいところに貼っておけば、子どもはこれを見ながらウンチをします。十分に慣れたら見なくてもできるようになります

トイレットペーパーはどれだけ使えばいいのか、わかるようにしておきます

例えば……
壁にテープを貼り、トイレットペーパーをここまで引っぱってから切るように教えます

どこまで下げるかわかるように教えます

水は何回流せばいいか、はっきりと示しておきます

手洗い、歯磨き、洗顔などの手順表は洗面所に貼っておき、子どもが見ながらできるようにします

手順を細かく分けて理解させる方法は、入浴や靴の履き方、服のたたみ方など、あらゆることを教える際に応用できます

お風呂、着がえのトラブルを軽くする言葉かけと視覚化

お風呂や着替え、歯みがきといった生活習慣は、「学習すること」によって身につけられる習慣ですが、大人がやってみせるという程度ではなかなか身につかないことがあります。

お風呂が嫌いな理由をさぐってみる

「お風呂に入るよ」と何度言ってもお風呂に入りたがらなかったり、シャワーを避けたりする子がいます。特性の一つである「感覚の過敏性」が原因で、お湯の温度が私たちの感覚よりもずっと熱く感じたり、お湯（水）に顔をつけることが不快あるいは恐怖感を感じたりしていることも多いのです。そのような子どもには、「ぜんぜん熱くないでしょ」とか「シャンプーしないと不潔でしょ」と、いくら言っても効果はありません。

お湯の温度を「これなら大丈夫？」と聞いてみたり、シャワーの強さを調節したりして子どもが嫌がらないか確認しながら試しましょう。本人の不快感や恐怖感をできるだけ取り除いてあげる工夫をしましょう。

シャンプーを嫌がる子の場合は、カレンダーに「シャンプーの日」と印

をつけて、今日は「シャンプーの日だよ、お母さんと一緒に入ろう」とか「お風呂から出たらジュースを飲もう」と誘って、本人のやる気を起こさせることも必要です。

言葉より伝わりやすい「目で見てわかる手がかり」を使って教える

自閉症スペクトラムの子は、目で見てわかる手がかり、たとえば絵（イラスト）、マーク、写真、文字などを使ったカードを利用することで、コミュニケーションが取りやすくなることがあります。彼らにとっては、意味が伝わりにくい話し言葉よりもイラストやマークなどの視覚（ビジュアル）からの情報のほうが理解しやすいからです。

また、子どもの特性によってはイラストよりも文字の読み書きが得意で文字を書いたカードのほうがコミュニケーションを取りやすい場合もあります。

着がえや入浴などの生活習慣がなかなか覚えられない子どもには、その子どもの特性に合わせた「絵カード」を使って教えましょう。

たとえば、着がえの仕方は、浴室や脱衣場所のドア（壁）などに、「脱いだ服はカゴに」→お風呂から上がったら、「パンツ」→「シャツ」→「パジャマ（ズボン）」→「パジャマ（シャツ）」というようにイラストで書いて貼っておきます。言葉だけで教えるよりもずっと早く理解するようになります。

子どもがなかなかできなくても「どうしてできないの！」と叱るのではなく、一つでもできたことを「よくできたね」とほめてやることで、子どもはやる気を出して取り組むようになります。

洗面、歯みがきのトラブルを軽くする指示の出し方と視覚化

特性を持っている子どもの中には、洗顔や歯磨きを極端に嫌がる子どもがいます。的確な指示を出したり視覚化することで少しずつ覚えていきます。

水やぬれたタオルの感覚が嫌いという場合もある

健常な人にとっては、顔を洗ったり歯みがきをしたりすることは清潔だし、気持ちがいいと感じます。しかし、特性のある子どもにとっては、このような行為は、ただ痛いとか不快なでき事でしかないと感じる場合があります。

特に感覚過敏性のある子どもは、冷たい水が嫌だったり歯ブラシの感触が嫌いだったりということがあります。そのような場合は、子どもの好きなお湯の温度を見つけてあげることや歯ブラシの固さを変えてみるなどの工夫が役に立ちます。

水やお湯が顔につくのが苦手な場合は、「これならだいじょうぶだよ」と声をかけながら絞ったタオルでふく、といったように子どもが嫌がらない工夫を試してみましょう。

歯みがきの場合は、歯みがき剤の味、歯ブラシの硬さなど子どもと一緒に確認しながら進めて、子どもが嫌がらないものを選んでください。

歯みがきを強要するのではなく、子どもが口の中にブラシを入れる感覚に慣れる→口を開け、かみ合わせの練習→ブラシをあてる→ブラシを動かす→みがく位置を動かす→適度な力を入れる、というように段階を

踏んで教えていきます。

毎日の習慣づけはけっしてあせらずに一歩一歩進めていきましょう。そして、一つのステップができたら、「うまくできたね」と必ずほめて子どもに自信をつけさせてあげましょう。

洗面、歯みがきのスケジュール表を作る

自閉症スペクトラムの特性のある子どもは、ご飯の前に顔を洗う、幼稚園に行く前にトイレに行く、というふうに頭のなかで優先順位を考えて行動することが不得意です。

また、時間の単位を理解するのも苦手で、自分で予定を立てることがうまくできません。そのため常に、先の見通しが立たない不安ととまどいを抱えながら生活しています。

たとえば、朝起きてから一日の間にすることがわかるように簡単なスケジュール表（時間割表）を作って、「○時になにをすればいいのか」「次になにをすればいいのか」がわかるようにすれば行動しやすくなるかもしれません。その際に、先に示した「目で見てわかる手がかり」を使うこともおすすめです。この方法は、遊ぶ→あと片づけ、食事の順番→食器のあと片づけなどさまざまな生活の場面でも活用できます。

「お手伝い」をさせることで子どもは伸びる――お片づけ編

簡単なお手伝いをさせながら言葉かけをすることで、日常生活のトラブルを軽減させ、子どもは少しずつ自身をつけることができます。

お手伝いをすることは成長・発達のきっかけ

「お手伝い」をすることは、子どもの社会性やコミュニケーション行動を促進するためのきっかけの一つになります。子どもは、自分のとった行動が人の役に立っていることや、誰かに感謝されていると感じることで、自分に自信をつけることができます。また、お手伝いをするときには、お互いに声をかけあってするわけですから、コミュニケーションにもなりますし、ほめてもらったりごほうびをもらったりできるきっかけを作ることにもつながります。

まずは、できることからお手伝い、「お片づけ」から始めてみましょう。

一つひとつ声に出して確認する

ロボットはここ
に入れなさい
何してるの
早く箱に
しまいなさい

あと片づけの「お手伝い」をさせる時は、「トラックは、ココだよ」「ロボットはココ」と一つひとつ声をかけて、一緒に片づけさせます。中には、オモチャを一つの箱に詰め込むのではなく、一列に置くことにこだわる子どももいます。そんな場合、「なにをしているの！」「早く箱にしまいなさい！」などとしかると、子どもはパニックを起こしたり、お手伝いをすることが苦痛になってしまいます。そんなときは「じゃ、どこまで長くできるかお母さんと競争しようか」とか「全部一列に並べてみて」といったように子どもの行動を認めてあげてください。

一度にすべてできなくてもいいのです。お手伝いが終わったら、必ず「よくできたね」「きょうはココまでね」とほめてあげましょう。お母さんに認めてもらうことで、子どもは少しずつ自信を持ち成長することができます。

そして「オモチャが終わったら、次は夕食だよ」と次にやることを指示してあげましょう。お手伝いは、毎日おこなうことで片づける順番や次にやることが記憶されて習慣づけされます。

「お手伝い」をさせることで子どもは伸びる——料理編

料理は、特に子どもが興味を持つお手伝い。できることから一つずつ手伝わせましょう。失敗してもしからず、できたことをほめてあげてください。

料理のお手伝いは、できることから一つずつ

料理は子どもの興味を引きやすく、特にお手伝いをしたくなる仕事です。子どもは料理のお手伝いをしながら、段取りや、親がするようにする模倣する力、一緒の仕事をするという体験をすることで社会性が高まってくることも期待できるでしょう。

もちろん、最初から火や刃物を使わせる必要はありません。卵を割る、タマネギの皮を取る、といった簡単なお手伝いから始めましょう。一緒にやってみせることで、子どもは一生懸命お母さんのマネをしようとします。お手伝いができたら「上手にできた」とほめ、うまくできなくても、「こうしてみよう」と手を取って教えることが大事なのです。子どもはお母さんにほめられることで、自信を持ち、お手伝いをすることが楽しくなるはずです。

「味つけ」は、感覚的な表現の獲得につながることも

また、「もう少し」とか「ちょっとだけ」といった感覚的（あいまい）

な表現の獲得にもつながる場合があります。しょう油やお塩をちょっと足させて、お母さんが子どもに「この味好き？」「もっとおしょう油を入れてみて」「いい匂い？」などと実際に試させることで、感覚的な表現が覚えやすくなります。

たとえ、子どもがしょう油を入れすぎても、「だめでしょ！」としかったり、しょう油を取りあげたりせず、「しょう油を入れすぎたらしょっぱいね」とか「ちょっとは、このぐらいだよ」と目で見えるように教えましょう。

料理の手順を目で見えるようにするとわかりやすくなる

お母さんと一緒だと納豆を混ぜることができるのに、ひとりだとなかなか覚えられないというような場合は、料理を手順ごとに写真に撮って並べることで、写真を見ながら手順を覚える場合もあります。

料理の前などに、撮った写真をランダムに並べて、子どもと一緒に「納豆はどうするの？」と作業を確認してみることも効果があります。一緒に確認することで、料理の順番はもちろん、会話の能力や語彙が少しずつ増えてきます。繰り返し続けることで、わからないことを人に聞くといった行動を覚えることにつながります。

一つの料理を覚えたら記念写真を撮って「料理アルバム」のレパートリーを少しずつ増やしていきましょう。子どもにとっては、きっと成長のための「生きた教材」になるはずです。

ちょっと
いれすぎね
しょっぱく
なっちゃったね
「少し」は
このくらいだよ
!

気になる行動
「どうして？」ではなく「どうすれば」を考える

わざとしているわけではない

特性を持つ子どもは、こだわりが強く極端な偏食やくり返し、じっとしていることができない、字が書けないなど…、その特性によってさまざまな気になる行動があります。こうした行動は、わざとやっているわけではなく、本人にもどうすることもできないのです。

したがって、お母さんやお父さんが「どうしてそんなことするの？」「何度もやめなさいと言っているでしょ！」と、いくらしかってもやめることはありません。無理に抑えつけることで、子どもがパニックになってしまうこともあります。何度もくり返されると保護者の方が感情的になってしまうこともあるでしょう。

しかし、子どもにとっても「どうしてお母さんの言うことが聞けないの？」と問い詰められても答えようがありません。身近な家族に認めてもらえなければ、子どもはいつまでも強い劣等感を抱えることになります。たとえ、気になる行動であっても、それを個性と受けとめてあげて、「どうして？」と問い詰めるより、「どうすれば」気になる行動を軽減できるかを子どもと一緒に探してあげましょう。

特性による気になる行動

自閉症スペクトラム

- 同じ言動をくり返す
- 極端な偏食
- 人の話を聞かない
- 時間や順番などに強いこだわりがある
- パニックを起こすetc

ADHD

- じっとしていられない
- 集中力がない
- 物忘れが多い
- 順番を守れない
- とにかくまわりが気になる etc

LD

- 「聞く」「話す」「読む」「書く」「計算する」「推論する」に関係することが苦手

第5章

子どもが伸びる「ほめ方／言葉かけ」10の原則

どんな子どもでも「ほめられる」ことで自信を持つことができます。特性を持っている子どもだからこそ、小さな「できた」にも言葉をかけてじょうずにほめることでが大切です。

①ほめられたことが伝わるようにほめる

子どもの特性によって理解のしかたに差があります。特性に合わせたほめ方をすることで、子どもは、ほめられたことが理解しやすくなります。

ほめられた？しかられた？

せっかくほめてあげたのに子どもがほめられたと感じなければ効果がなくなってしまいます。子どもをほめるときのコツの一つは、「ほめた」ことが子どもに伝わるように工夫することです。

「ほめる」ときの基本は、「できるだけ近くにいって」「視線をあわせ笑顔で」ほめることです。遠くからそっぽを向いたままほめてあげてもちっともほめられた感じがしないでしょう。さらに、場合によっては「身体的接触を持ちながら」、つまり頭をなでてあげたり握手したりしながらほめることも役にたつことがあります。ただし、感覚の過敏性などの特性がある場合には逆効果になることもありますから注意が必要です。さらに「シンプルに」ほめることも大切です。くどくど言わずに、ただうなずくだけでもいい場合もありますし、ことばの発達が未熟な子どもには「はなまるサイン」や「ＯＫサイン」など目にみえることのほうがわかりやすい場合もあります。

② すぐにその場でほめる

ほめる時は、できたその場ですぐにほめてあげることが大事です。
子どもがどのような行為でほめられたのかを実感できるようにするためです。

「あのとき」っていつ？「あそこ」ってどこ？

「あのときはできたでしょ」「あそこと同じでしょ」といくら言っても子どもに通じないことがあります。特性を持っている子どもは、時間の概念や代名詞を理解できない場合が多いのです。時間をあけて後からほめても子どもは、なぜ、ほめられたのか理解できずに混乱してしまう場合もあります。着がえやトイレなど、今までできなかったことができたときは、その場ですぐに「ひとりで着がえができたね」、「トイレえらいね」とほめてあげてください。

また、ほめられたことがうれしくて何度も同じ行為をくり返してしまう場合もあります。そのようなときも無視したり、「もう、やめなさい！」としかったりせずに、まずほめてあげてましょう。そのうえで、次にすることを指示してあげれば、次の行動に移りやすくなります。

③ 小さな成果を見逃さない

健常な子どもにとってはふつうにできることでも、特性を持っている子どもにとっては大変なことが多い、ということを理解してほめてあげましょう。

小さなことでも できたことをほめる

「15分机の前で本が読めた」、「なわとびが3回とべた」「足し算ができた」など健常な子どもにとってはあたり前のことでも特性を持っている子どもにとっては、大きな壁を越えた瞬間です。「そんなの簡単でしょ」とか「やっとできたのね」などと言うことばかりでは子どもを傷つけてしまいます。

どんなに小さな成果であっても見逃さずにほめてあげましょう。一つの成果があらわれたら、次の目標が立てやすくなります。

「なわとび3回とべたね。今度は5回までがんばろう」とか「引き算もやってみようか」といった〝少し先〟の目標を立ててがんばる姿勢を応援しましょう。

すごいね
3回も
とべたね

今度は
5回に挑戦
してみようか
うん

④言葉や態度ではっきりわかるようにほめる

子どもが小学校に入学するようになると保護者の言葉や態度に敏感になってきます。
ほめるときは子どもにしっかり伝わるようにほめましょう。

ほめるときの言葉や表情にも注意が必要

特性によって言葉をかけてはめた方が理解しやすい子どもと言葉よりも表情や態度、あるいはカードなどを見せてほめた方が理解しやすいことは前述した通りです。そのうえでほめるときは、普段とは声のトーンや態度を変えて「ほめているよ」と伝える努力が大事なのです。なかなか親の言うことを聞いてくれない子どもには、普段から大きな声で話しかけたりしかったりするものです。普段と同じような声や言葉のトーンでほめられても、子どもはしかられていると思ってしまうこともあります。

言葉のトーンや表情を変えたり、少し大げさな態度で「今、ほめているよ」という気持ちを子どもに伝える工夫をしてみましょう。

⑤得意分野を見つけてほめる

特性を持つ子どもは、「できること」と「できないこと」がはっきり分かれる場合が多く、「できないこと」を無理にやらせるより「できること」を認めてあげることで成長していきます。

できないことは、ある程度無視することが大事

机の前にじっとしていることが苦手でも、運動ができるなら元気なことをほめてあげましょう。計算ができなくても地図を読むことができるなら、「フランスがどこにあるかわかるなんてすごいね」と得意な分野をほめてあげましょう。特性を持つ子どもは、「できること」と「できないこと」がはっきり分かれる場合が多く、「できないこと」は、わがままや能力と関係なく、自分ではどうしようもない場合が多いのです。できる分野を見つけてしっかり認めてほめることで、子どもは自信を持つことができます。

フランスはそこにあるのすごいねー

わぁー かけっこ一番だね、すごい

⑥ごほうびをあげるのも一つの方法

ほめるときは、言葉だけでなくごほうびをあげることで子どもは大きな達成感を得られ、がんばろうという気持ちがわいてくる場合があります。

言葉より ごほうびが効果的な 場合もある

がんばったことやできたことがあったら、ほめ言葉と一緒にごほうびも考えてみましょう。ごほうびをあげることで子どもは大きな達成感を得られます。大好きなお菓子をあげたり、ゲームが30分できるといったように、子どもの好きなことができるごほうびも効果的です。ただし、ごほうびは一定の限度やルールが必要です。どのようなときにどのようなごほうびがもらえるかを子どもと話し合ってルールをつくりましょう。

「ごほうび目当てでなにかさせるのはちょっと」と思う保護者もいるかもしれませんが、「ごほうび」はあくまで成長するきっかけだと思って試してみましょう。

⑦毎日ほめてあげる

毎日ほめてあげることで、がんばろうと言う気持ちが続きます。

規則やルールをなかなか理解できない

自閉症スペクトラムやＡＤＨＤの特性を持つ子どもは、規則やルールをなかなか理解することができません。規則だから守ろうとか、先の目標を決めて頑張ることが苦手という特性を持っています。毎日の生活の中でやる気を引き出すように、何度もほめてあげることで頑張る気がわいてきます。

　朝起きてトイレができた、嫌いなものを少し食べられた、学校へいく準備ができた…。学校から帰ってきたら、手を洗ってうがいができた。宿題の用意をした…。というようになんでもいいから毎日ほめてあげましょう。

できた！
自分ではけたね
くつをそろえてえらい！
おやつの前に手を洗ってえらいね
ひとりでできるね

⑧勉強以外のこともほめる

学校に通うようになってくると、どうしても勉強の遅れなどが気になってしまいがちですが、勉強以外の得意なことに目を向けてほめてあげましょう。

どんな子どもにも得意なことはある

子どもが学校に通うようになってくると、保護者としては、どうしても勉強の遅れなどが気になってしまいます。

しかし、子ども自身も学校で特性のためにできない科目や運動があって「どうして自分はできないのだろう」と、劣等感を抱えていることが多いのです。

たとえ子どもが勉強に関係のないことでも、「なにをしているの？」と声をかけてみましょう。そのうえで、子どもが興味を持っていること（もの）に共感してあげることで、子どもは少しずつ自信が持てるようになります。生活面でも「おはようございます」「いただきます」といったあいさつの言葉が大きい、元気がいい、ペットにエサをあげる…というようにできることを見つけてほめてあげましょう。

⑨「がんばっているとき」を見逃さない

子どもがなにかをしているとき、つまり「がんばっているとき」を見逃さないで、声をかけてほめてあげましょう。

子どもの努力を持続させるためのことばかけ

子どもがなにかをしているとき、がんばっているときには、それらの結果がでるのを待たずに声をかけてあげることもよいでしょう。結果で評価されるのではなく、結果にむけて取り組んでいる努力も評価されるということを子どもに知ってもらうためです。また、たとえ結果がうまくいかなくても、「次もがんばってみよう」という気持ちにさせることが大切です。

がんばって
もう少しだよ

すごい！
ここまで
来たね
次は
ここまで
がんばろう

⑩ ほめるところを見つけだそう

子どもの一番身近にいるお母さんや保護者は、どんなときでも子どもの味方という態度でのぞみましょう。ほめるところを見つける努力をしましょう。

「ほめるところ」が見つからないという前に

実は子どもをほめることは難しいことです。人は他人の失敗やアラをさがすことは比較的簡単にできますが、よいところ・優れているところをみつけることは意識して見つけようとしないとできません。ものごとは、見方をかえると見え方がかわることがよくあります。失敗したことだって、違う方向からみれば部分的に成功していることがありますし、次に向けての目標をさだめるチャンスにもなるわけです。学校で先生にしかられてしょんぼりしているということは、自分の失敗を理解し反省できているということですし、子どもは内心でこうすればよかったと思っているのです。きちんと反省できたことはほめてあげてもよいことです。

特性を持つ子どもは「言葉のストレス」を抱えている

特性のためにお母さんや周囲の人がはめても気がつかない場合があります。特性を持つ子どもは、いつも大きな「言葉のストレス」を抱えているのです。

理解のしかたに偏りがある

自閉症スペクトラムの特性の一つに言葉の意味を理解していないという問題があります。彼らは言葉の意味を自分の理解できる範囲でしか理解できません。理解の範囲が狭いというのは、健常者であっても普通は体験の乏しい幼児期に見られますが、自閉症スペクトラムの子どもは特性のために、学齢期になっても幼児のような一方的な視点と言葉の意味の広がりを理解する困難さを持ち続けている場合が多いのです。

こんな実例もあります、高校1年生になった男子生徒がある日、「お母さん、最近野菜を食べていないね」と言いました。お母さんは毎日野菜を出しているのに「おかしいな」と思います。しかし、男子生徒にとっては野菜＝キャベツだったのです。したがってレタスやホウレンソウやニンジンは、男子生徒にとって野菜ではないと理解していたのです。これは、自閉症スペクトラムの子どもは高校にいく学力があっても、理解のしかたには特性が作用するという一例です。

このように特性によっては、代名詞（それ、あれ、これなど）や集合名刺（動物、植物、建物など）をどのように理解しているか他人にはなかなかわかりません。こうした特性により同じ言葉を使っていながら、お互いに思い描いていることが違うという状況に本人も周囲の人も気がつかない場合も多いのです。そしてなにかがかみ合わない会話や雰囲気が生じてくるのですが、その理由がつかめずさまざまなトラブルも発生します。

特性を持っていることで、子どもは常にこうした状況におかれているため大きなストレスを感じていることを、周囲は理解してあげてください。子どもはほめられて成長しますが、ほめる言葉を子どもの特性に合わせてかけることがとても重要です。

第6章

子どもが理解できる「しかり方」10の原則

特性を持っているからと必要以上に甘やかしたり、「しょうがない」と放任主義になるのは子どもの成長のためにも良くありません。子どもを上手にしかる方法を身につけましょう。

①できないことをしからない

特性のために「できない」場合があります。「できないこと」は本人の努力不足とはまったく関係ありません。

特性を持つ子どもに対しては、しかるのは「できないこと」を「できるようにする」ためではなく、やってはいけないことをやめさせるときに行う方法だということが基本です。

「できないこと」を理解してあげることが大事

計算ができない、運動が苦手、列に並んで待つことができないなど、特性を持っている子どもには、健常の子どもには簡単にできることでも、なかなかできないことがあります。「特性のためにできないこと」があります。そのような場合は、「○○君はできたのに、どうしてあなたはできないの！」としかっても効果はありません。努力しても自分でもどうしようもないことで、いつもしかられてしまっては、子どもは大きな劣等感を持ってしまいます。

②「ダメ！」というだけでは「だめ」

自閉症スペクトラムの子どもは、否定的な言葉に敏感な場合があります。「ダメ！」といったような強い否定的な言葉かけには注意しましょう。

子どもには敏感に感じてしまう言葉がある

子どもによっては、否定的な言葉に敏感な場合があります。発達障害の特性をもっていない子どもでも、毎日くりかえして「ダメ」と言われ続けてしまったら気がめいってしまうでしょう。前述しましたが、だめというだけで終わらせず、どうすれば「ダメじゃない」のかを具体的に教えてあげましょう。子どもにダメ出しするときは、子どもが新しい行動を覚えるチャンスなのだと思うことです。

同じように、行動を止める指示を出す場合も、否定文を使った言葉かけは避けた方がいいこともあります。「廊下を走らない！」というのではなく「廊下は静かに歩こう」というように平叙文を用いたほうが、子どもがどのような行動を求められているかを理解するのに役にたちます。

だめでしょう
違うでしょう！
やめなさい
そうじゃない
□□□しよう
これならいいね
○○してみたらいいんじゃない
！

③短い言葉で具体的にしかる

しかるときは、長いお説教は効果がありません。できるだけ短くシンプルな言葉を使ってしかりましょう。

長いお説教は、子どもには伝わらない

特性によって長い話が聞き取れなかったり、抽象的な言い回しが理解

できない場合があります。時間をかけてと長くしかっても、なにをしかられているのか理解できなければ、子どもは理解できず混乱してしまいます。

また、「いつまでテレビを見ているの！　いいかげんにしなさい」としかるより「9時だからテレビは終わり」といったように、短い言葉で時間や次にやることを具体的に指示をすると理解しやすくなります。

言葉より絵や文字を理解しやすい子どもには、家庭内で使う〝レッドカード〟を見せる方が効果がある場合もあります。子どもが一番理解しやすい言葉でしかってあげましょう。

④代名詞や抽象的な言葉を避ける

代名詞や抽象的な言葉を理解できない場合があります。しかるときは、子どもがはっきり理解できる具体的な言葉を使いましょう。

子どもが理解できない言葉の使い方がある

自閉症スペクトラムの子どもは、「グズグズしないの。もう、中学生でしょ」「お兄ちゃんでしょ」「そろそろ覚えてね」といったような代名詞や抽象的な言葉、省略した言葉が理解できない場合があります。特性によって言葉のウラに隠された意味を推測して考えることが苦手なのです。自分が理解できない言葉でしかられても「なんのこと?」と、子どもは混乱してしまいます。

朝、学校に行く前に「用意できたの?」と聞かれれば、健常の子どもは学校へ行く服装や持っていくカバンのことだと理解します。しかし、特性を持っている子どもは、「なにの用意するの?」と思ってしまうのです。「服は着がえたの?」「ハンカチは持ったの?」「教科書は用意したの?」「7時半になったらいこうね」と一つひとつ具体的に指示を出すことで理解しやすくなります。

⑤怖い顔をしても効果がない場合がある

自閉症スペクトラムの子どもは、相手の表情や身ぶりを読み取ることが苦手です。こわい顔でしかっても子どもには伝わりにくいことがあります。

特性によって相手の表情が読み取れない

自閉症スペクトラムの子どもは、相手の表情や感情、あるいは身ぶりなどから相手がどんなことを考えているかといった「状況」を判断することができないという特性を持っています。相手が忙しかったり、もう話しをやめたいと思っているのに、いつまでも話し続けていることもあります。こうした特性はおとなになっても消えません。

このような特性を持つ子どもに対しては、こわい顔をしたり手を上げるふりをするより「おこっている」ことをわからせるキーワード（たとえば「スピード違反」や×印を書いた絵カードを出すことで、「今、怒っているのよ」とはっきり認識させてから、指示を出すと効果的な場合があります。

⑥くり返し何度もしからない

特性を持っている子どもは、何度も同じ場面でつまずいてしまうことが多いものです。失敗のたびに何度もしかられると強い劣等感を持ってしまいます。

しかるときは「ここぞ」というタイミングで

特性を持っている子どもは、特性によって同じような場面で同じような失敗をくり返してしまいます。

たとえば、ＡＤＨＤの特性を持つ子どもはじっとしていることが苦手で、すぐにキョロキョロと周りが気になってしまいます。部屋で宿題をするときも「キョロキョロしないの！」「何回、同じことを言わせるの！」と何度も同じことでしかられたのでは、机に向かうことさえ嫌がってしまいます。多少のことにはなるべく大目に見て注意する回数を減らしましょう。しかるときは、「ここぞ」というタイミングを選ぶ方が効果的です。そのうえで「3問やったら、おやつにしよう」とか「15分たったら遊んでいいよ」といった小さな目標になる具体的な指示を出した方が子どもはやる気になります。

1回しかったら、2回ほめる気持ちで接するように心がけましょう。

⑦子どもの注意を一度ひきつけてからしかる

なにかに夢中になってしまうと、大きな声を出してもしかられていることに気がつかない場合もあります。

子どもに知らせることが大事

なにかに夢中になっていると、他のことが一切目や耳に入ってこない子どもがいます。そのようなときにはいくらしかっても効果がありません。大きな声を出してしかっても、しかられたことより大きな声に驚いてパニックになってしまうことがあります。

子どもの肩や腕を軽くトントンとたたいて注意を一度ひいてから「ゲームは終わりよ」と、指示することで子どもは気がつきます。子どもが遊んでいる道具などを説明もせず、いきなり取りあげてしまうことも避けた方がよいでしょう。子どもは、なぜ取りあげられたのかわからず混乱してしまいます。子どもに「今はなにをする時間なのか」「次はどうするのか」を知らせるように心がけましょう。

⑧そのとき、その場ですぐしかる

時間が経ってからしかったり、ずっと以前のことを持ち出してきてしかっても効果はありません。問題が起きたときにその場でしかることが基本です。

外出先などでさわいだり、大声を出した場合は、「静かにしていて。30分たったら帰るよ」などとその場で具体的にしかって次の予定を指示すると子どもは理解しやすくなります。

時間が経ってからしかっても、子どもは混乱するだけ

お母さんとしては、子どもがいつも同じような失敗をしていると「そういえば～」と前の失敗も思い出して、しかりたくなることもあるでしょうが、あまり効果はありません。

また、外出先などで子どもが大きな声を出したり騒いだときには、その場では「シーっ」と言っただけなのに、帰宅してから「朝、お母さんと約束したでしょ」、などとしかっても、理解できず効果はありません。

⑨感情的にならない

いくら注意してもいうことを聞かないとき、つい感情的になってしまいがちですが、そうしたしかり方は逆効果になってしまいます。

子どもに感情をぶつけないことが大切

子どもが繰り返し失敗したり何度注意してもしたがわないときにはイライラしたり悲しくなったりすることもあるでしょう。これらの感情を、「なんてばかな子！」とか「もうあなたにはうんざり」などと口にだしてしまうことは避けましょう。心の中ではいくら思ってもかまいませんけれど、その感情を子どもにぶつけることは非常に危険です。子どもは親や保護者の感情には非常に敏感ですし、親が悲しんでいるのはすべて自分が悪いと思い込んだり、親の気分をそのまま自分に取り込んでしまったりするからです。つまり、親が怒りの感情を子どもにぶつければ子どもは怒り、親の不安や悲哀感を子どもにぶつければ子どもは不安になり、うつ状態になることがあります。自分の感情は、自分の中で処理をするか、とりあえずとどめておいて別のときや場所で解消するように心がけましょう。

⑩体罰をしない

体罰は効果がないばかりか、長い目で見れば子どもの成長にとって大きなマイナスになります。

体罰は有害でしかない

何度も同じ失敗を繰り返してしまう子どもには、「言ってもわからないなら…」などと、つい手が出てしまうことがあるかもしれません。しかし、体罰はまったく効果的なしつけ方ではありません。体罰をおこなうことによって、子どもの中にある大切なもの――親とのきずな、大人への信頼感、家族や周りの人々を好きでいる気持ち、のびのびとした子どもらしい心――を壊してしまいます。

また、子どものなかには体罰をされたことによって親に対する怒りと憎しみが生まれることもあります。さらにいつもビクビクとおびえている状態になり、自分の将来を切り開いていくような力を持てなくなります。大人になっても体罰のトラウマに悩まされ続けて「人と会うのがこわい」という人もいます。

特性を持つ女の子の場合

幼児期から手のかからない子ども

女の子は男の子と異なり、特性が行動面の問題として表面化しない傾向があるようです。女の子はどちらかというと受動的で、活発に動き回ることも少ないので特性が目立ちにくいのかもしれません。そのために幼児期から「おとなしい子ども」「手のかからない子ども」と思われているだけのこともあります。

女の子の場合の「特性」は、幼児期～小学校低学年までは人の言うことを無条件に受け入れる（いいなりになる）ような行動パターンや、極端なマイペースさ、夢見心地でぼんやりしているような状態で話をよく聞いていない、集団での指示が伝わりにくく行動がワンテンポ遅れるなどの特徴があることがあります。

また、コミュニケーション能力の未熟さから、引っ込み思案だったり人と話すのをおっくうがったり、集団行動を避けるなどの受け身的（受動的）な行動が多くなる場合があります。年齢が小さいうちは行動面の問題としてあらわれにくいのですが、思春期や青年期になって、対人関係がより複雑になり高度なコミュニケーション能力が求められる状況に置かれてから初めてその特性に気づくというケースもあります。

特定の科目、運動、級友との問題でつまずくことも

幼稚園や保育園では特に目立たない「良い子」だったのに、小学校にあがったら算数や国語、体育などといった特定の科目ができずに保護者があわててしまうこともあるようです。

また、コミュニケーションの問題からクラスメイトと思わぬトラブルになってしまうこともあります。クラスメイトの何気ない一言を「真に受けて」しまうこともあります。

こんな例がありました。その子は小さいころからおとなしくて目立たない子で、マイペースで周囲の話題についていくことがなく自分の興味のあることしか話さないという傾向があり、友達がなか

なかできない女の子でした。その子はずっと友達がほしいと思っていて「友達ができないのはどうしてだろう」と思い悩んでいたようです。

中学生になった時、クラスメイトが「○○ちゃんてちょっと太っているよね」と言っているのを耳にして、その子は「私に友達ができないのは太っているせいだ」と思い込んでしまいました。それからその子は非常に極端なダイエットを始め、それがきっかけで深刻な拒食症を発症してしまいました。クラスメイトはほんの冗談のつもりでも、本人にとっては非常に切実な意味でとらえられてしまうということの一例といえるでしょう。比喩やことわざなどを字義通りにうけとってしまい、場の雰囲気が読めないためにいじめられることもあります。

思春期になったら、気をつけたいこと

女の子は、思春期前後から恋愛に興味を持ってきます。しかし、自閉症スペクトラムの場合は、想像力や社会性の特性から、どうすれば異性とつき合えたり、恋愛がうまくいくのかわからない場合があります。目に見えない恋愛という感情を理解できずに、愛情を目で見ることができるコミックやテレビの恋愛ドラマからの情報をそのまま真似て行動に移してしまう人もいます。

男性と違って女性の場合は、うまくコミュニケーションが取れなくても男性のリードに合わせていれば、相手が喜んで優しくしてくれることも多いのです。特性から相手の男性の言うことをそのまま信じてどこまでもついていってしまう女性もいます。

特性のために普段からコミュニケーションがうまくいかずに悩んでいる女の子にとって、家族から「男とつき合うな」と強くしかられると、反発してしまうことも多いのです。恋愛に関しては本人の悩みをじっくり聞いてあげましょう。ときには友だちや支援サポーターなども交えて恋愛相談に乗ってあげましょう。気持ちを話すことで、少しずつ落ち着いて行動できるようになってきます。

家族みんなで本人の特性を理解する

いつか直ることもできるようになることもない

できないことをなぐさめるつもりで、「そのうちできるようになるよ」「努力すれば大丈夫だよ」などと子どもをなぐさめることはよくあります。しかし、特性を持つ子どもは、いつまでたってもできないことに悩んだり、「自分はダメなんだ」と劣等感を持ち続けてしまうこともあります。

「いつかできる」といったあいまいな言葉ではげますより、以前の状態と比較してできるようになったことを具体的に示してはげましてあげましょう。

特性を子どもに伝える時期はいつ

子どもは、成長とともに他の人との違いに気がついて違和感を覚えます。子どもはストレスを抱えながらも、学校などで大きなトラブルがない限り、親には口に出して言わないかもしれません。しかし、なんとなく勉強についていけなくなったり、友だちから敬遠されていることを感じて学校にいくことに苦痛を感じているかもしれません。

小学校の高学年を目安に、子どもが悩んでいるようなら親子で話し合ってみましょう。問題から逃げたり、話題をそらしたりしないで、子どもの得意なこと不得意なことの説明という形で、正しく子どもに伝えることが子どもに安心感を与えます。

また、親とすれば、どうしても特性のある子どもを優先してしまいがちになり、他の兄弟や姉妹には我慢をさせてしまうことが多くなります。兄弟同士でトラブルになったときなど「やめなさい！」としかるより、「○○は、大きな音が苦手なんだよ」「人の話しがわかりにくいんだよ」などと、子どもの特性についておりにふれて説明してあげてください。そのうえで、「お母さんはみんな大好きなのよ」と子どもたちを平等に愛していることを伝えましょう。そして、兄弟たちも特性のことを理解できる年齢になったら、はっきり特性について教えてあげて家族みんなでサポートできることを話し合いましょう。

第7章

「やる気のスイッチ」を入れる言葉かけ

特性を持っていることで、生きづらさや劣等感を抱えている子どもにやる気を出させることができる言葉があります。家庭と学校＝先生が連携し、声をかけてあげましょう。

家庭と学校（先生）の連携でトラブルを減らす

小学校へ入学すると、それまでに感じたことのない劣等感や疎外感を持ってしまうことが多くなります。学校と連携した支援が重要になってきます。

学校での状態を正しく把握する

子どもが小学校へ入学すると、勉強やクラスメイトとのつきあいなどの環境にとまどうことが多くなります。勉強の遅れや友だちとのトラブルから強い劣等感を抱いたり大きな壁に当たって学校にいくことが苦痛に感じてしまう子どももいます。

子どもが小学校へ入学したら、個人面談や家庭訪問などの機会には先生に対して家庭でおこなっている取り組みを具体的に話しましょう。そのうえで学校と連携し、家庭での取り組みや学校の取り組みを共有してゆくことが大切です。

また、学校でのトラブルを聞くことは保護者にとってもつらいことですが、子どものために授業の進め方や失敗をしっかり聞いて学校での状態をできるだけ正確に把握しておくことも大事なことです。

共通の言葉かけで支援する

先生には注意のしかたやほめるときの言葉、パニックを起こしたときの対処のしかたなどなど、家庭で子どもにどんな言葉かけをしているのかを、具体的に説明しましょう。たとえば、あいさつでも家庭と学校では違っていれば、子どもはとまどってしまいます。家庭と学校で同じ言葉をかけることで子どもがスムーズにできることは多いものです。保護者と学校の先生がしっかりと信頼関係を築くことが子どもの成長を左右するカギになります。

また、特性のために学校で決められたルールやマナーを理解することが難しい場合は、家庭で使っている「手順表」や絵カードと同じような

連携でトラブルを減らす例

学校からの通信欄に「授業中に大きな声をあげる」と書かれていたら、

↓

自宅での解決法を先生に報告する「家では静かに話ができたときは『よくできましたメダル』をあげています」

↓

先生からの報告で「学校でも『よくできましたメダル』をあげるようにしたら落ち着いてきました」

↓

家でお母さんが子どもに「学校でもメダルをもらったんだって。えらいね」

↓

子どもが自信を持つ

カードを学校でも使ってもらうようにお願いして、子どもがとまどわないように連携することも考えてみましょう。

家庭での勉強スタイルを学校でも認めてもらう

こだわりが強い子どもの場合、家庭での勉強スタイルを学校でも認めてもらうことで集中して勉強に取り組める場合もあります。たとえば、音の刺激に弱い子どもの場合は、イヤーマフ（防音保護具）をつけて読書や宿題をすることがあります。このような場合は、学校でも授業によってはイヤーマフをつけることを認めてもらうことで、落ち着いて勉強できる場合もあります。

校内での特別扱いは「ひいき」と見られてしまうこともあるので、クラスメイトには先生から説明してもらいましょう。

始めるときの言葉かけ

時間がかかってなかなか次の行動に移せない子どもがいます。そんなときにかけると効果的な言葉があります。

予告の合図を決めると、行動しやすくなる

特性を持つ子どもは、周りの状況が理解できない場合があります。勉強や外出などなにかを始めるとき周りからいつも遅れてしまうのは、いつ始めていいのかわからないからです。

お母さんが忙しそうに外出の用意をしていても、子どもにはなかなかその状況が理解できません。「3時になったら出かけるよ」といっても、その前から準備することが感覚的に理解しにくいのです。出かけるたびに「もうあなたはホントにグズね」としかられたのでは、ますます外出したくなくなってしまいます。

何グズグズしてるの早くしなさい
?

なにかを始めるときは、「10数えたらお出かけの準備をしよう」などと行動のスタートの合図を決めておくことで、子どもが安心して始めることができます。

10数えたら準備しよう!
!

「さあ、始めるよ」といった行動へ移るときの「合い言葉」を決めておくのも効果的です。

子どもとサインや合い言葉を決めておく

子どもに直接言葉をかけられない場面や、ゲーム感覚でちょっといつもと違うことをやるときなどは、子どもとの間でサインを決めておくと楽しみながら行動できるようになります。

言葉かけだけでなく身振り手振りも

子どもとの間でしか通用しない、特別なサインや合い言葉を決めておきましょう。多くの場合子どもはなにか「秘密のこと」をだれかと共有することを楽しみます。これは、言葉を使わないコミュニケーションを理解することにもつながります。よく使うOKサインでもよいですし、○×を書いたカードやサッカーで使われるようなイエローカード・レッドカードなどもよいかも知れません。また子どもが興味をもっていることがらになぞらえて「ごはんは快速電車で食べよう（早く食べよう、の意味）」「廊下は各駅停車で歩こう（ゆっくり歩こう、の意味）」などという「合い言葉」を使うのも楽しいかもしれません。

「聞き上手」になろう❶

子どもの話を聞いてあげることは、子どもに安心感を与え子どもの会話力を伸ばすことにもつながります。

子どもの自慢話は成長のきっかけになる

子どもが話しかけているのに、「今忙しいから」とか「後でね」などと子どもの話を無視することは、せっかくの成長のチャンスを見逃してしまうことにつながってしまいます。子どもが話しかけたときは、子どもの話に興味を持ちながら聞いてあげましょう。子どもはほめられたことや自分の興味のあることなどをくり返し話すこともありますが、「何回も聞いたよ」と突き放さずに聞いてあげましょう。話を聞いてあげることで、子どもには信頼感が芽生えてきます。

話を聞くときは、子どもの目の高さに顔を寄せると、子どもは話を聞いてもらっていることが実感できます。子どもが話しているときは、「そう」「へぇ」「よかったね」などと肯定的な相づちを打って会話をうながしてあげましょう。話の最後の言葉を繰り返すことで子どもが話しやすくなる場合もあります。

「聞き上手」になろう 2

子どもの話を聞いてあげるときは、話の「腰」を折らないように気をつけて、子どもの話を引き出しましょう。

否定的な相づちで子どもの話を切らない

大人同士の会話ではまったく問題なくとも子どもとの会話では気をつけたいことがあります。それは、子どもが一生懸命に話しているのに、つい「でもね」とか「だけど」といった否定的な言葉で子どもの話を切ってしまうことです。子どもは、またしかられていると思って萎縮したり、逆に混乱してしまうことがあります。

子どもが話しているときは、少し大げさに喜んであげたり笑ってあげることで、会話をすることが楽しくなったり、お母さんとの信頼感を感じることができます。子どもが話す作り話であっても聞いてあげましょう。ときには子どもの世界へ一緒に入っていくことは、子どもの体験している世界を理解する方法の一つです。

成功する暗示をかける言葉

いつも失敗をしてしまう子どもにはつい、否定的な言葉をかけてしまいがちですが、ポジティブ（前向き）な言葉で意欲を引き出しましょう。

成功を後押しする言葉をかけてあげる

失敗をくり返してしまう子どもに対して「また、失敗したの！」「いいかげんにして」などという言葉かけをしては、子どもの自尊心を傷つけます。「また失敗するかも…」と気持ちがなえてなにごとにも消極的になってしまいます。子どもに対して「ダメな子」とレッテルを貼ることは、心理的虐待にもつながります。子どもの成長の芽を摘み取ってしまいう可能性もあります。

子どもが消極的にならないように、「この前みたいにできたらいいね」、「きっとうまくいくよ」と子どもが自信が持てるように声をかけてあげましょう。毎日少しでも前向きな言葉をかけて子どもが「そうなりたい」と願う気持ちを後押ししてあげましょう。

たとえば、ボタンが上手に合わせられない子どもには、「えらい！早く着られたね。今度はボタンも合わせようね」と声をかけた方がやる気がわいてきます。

うまくいったことを繰り返しできるようにする

小さな成功体験をくりかえすことで大きな自信になり、子どもの成長・発達につながります。

小さなステップ 小さなサクセス

たとえば「ひとりで歯をみがくことができる」というような、子どもに身につけさせたい行動がきまったら、それをゴールにみたてて、ゴールまでの行動を細かいステップに分けてみましょう。「決まった時刻に洗面所に行く」→「歯ブラシに歯みがき粉をつける」→「前歯だけみがく」→「前歯と奥歯をみがく」→「コップに水をくむ」→「口をゆすぐ」というように、一つひとつ階段を上るようなイメージで、一つのことがクリアできたらほめてあげると同時に次のステップにすすむ、ということを繰り返します。

一つひとつはちいさな成功体験でも、それらを繰り返していくことが自信につながり、最終的なゴールに向かう気持ちを高め、ゴールに到達したときの達成感を高めることになります。

ときにはペナルティも必要

いくら注意しても問題行動をやめない場合には、ペナルティ＝罰を与えることで、改善することもあります。

許せる行動

- 好き嫌いがある
- 同じ服や靴にこだわる
- 同じ言葉や行動をくり返す
- 時間や順番にこだわる
- ときどき大きな声を出す

許せない問題行動

- 暴力的な行動や暴言
- 自傷行為
- 命にかかわること

じょうずにペナルティを与える

口で注意しても子どもが許しがたい行動をくり返すようなときは、ペナルティー（罰）を与える必要があります。この場合のペナルティとは子どもの好きなものを一時的に取り上げたり、見せなかったりすることです。ペナルティを与える場合は、あらかじめルールを子どもと決めておき、「今度、ものを投げたらテレビを消すよ」と事前に予告することがコツです。約束を破ったときは、時間をおかずに「今、本を投げたね」と一度注意を引いて、すぐにテレビを消します。子どもが驚いて余計に反抗的になる場合は、タイマーなどを見せて時間を指定することで、「がまんする時間」が見えるようにして納得させます。警告とペナルティをくり返すことで徐々に問題行動が減ってくる場合があります。

禁止事項は「説得」より「納得」が大事

相手の気持ちを読み取れないために本人にはまったく悪気はなくとも、お友だちを傷つける言動をくり返してしまう場合があります。

ルールを決めておこう

発達障害の特性を持つ子どもの中には、相手の気持ちを読み取ることが苦手な子どもがいます。悪気もなく思ったことをすぐに口にだしてしまい、結果的にそれが相手の気持ちを傷つけることになってもそれに気づかないということがあります。相手が気にしている言葉づかいのクセなどをそのままねして言ったり、会話の流れに関係なく突然相手の容姿をからかうようなことを言ったりするような場合で、対人関係上のトラブルをまねくことになることもあります。

このようなトラブルを予防するためには、あらかじめ「なにを言ってはいけないか」「なにを言ってもいいか」を決めておくことが役にたちます。ルールはできるだけ具体的に、かつ誰でも守ることができるものに、たとえば「お友達の顔のことを言わない」「からだの特徴や着ている服のことを言わない」などのようにします。決められたルールは教室に掲示したり机の上に貼ったりしていつでも参照できるようにすると便利です。この場合、「なぜそれはいけないのか」を説得する必要はなく「だめなことはだめ」という禁止事項として了解・納得してもらうことです。

1日の最後は、ほめ言葉で終わる

子どもがふとんに入るときには、「おやすみ」のあいさつと一緒に明日へのやる気が芽生えるような言葉をかけてあげましょう。

満足感とやる気を持って明日を迎えるために

特性を持っている子どもの1日は、健常な子どもの何倍ものストレ

スがあります。1日の最後は、明日への意欲がわいてくるような「ほめ言葉」をかけてあげましょう。今日できたことをふりかえって「〜できてえらかったね」「〜がんばったよね」などと言葉をかけてあげましょう。このとき注意したいのは、はげますつもりの言葉が、責める言葉に変わってしまうことです。「今日もがんばったね。でも、やっぱりニンジンを残したのね〜」とか「明日はニンジンも食べようね」というような、はげましの声かけが逆効果になってしまうことがあります。子どもにとっては、「今日のがんばり」よりも「できなかったこと」を指摘されたマイナスのイメージが残ってしまいます。

言葉かけの最後は、今日「できなかったこと」ではなく「できたこと」をほめて、「お母さん、○○クン大好きだよ」と伝え、気持ちが持続できるようにしましょう。

もし、不登校になってしまったら

無理に学校にいかせなくてもよい

特性を持っている子どもは、独特の感性や感覚を持っています。この感性の〝ズレ〟は、なかなか他人にはわかりづらく大きなストレスになっています。その結果、友だちとうまくコミュニケーションが取れずにイジメにあってしまうこともあります。

また、朝起きられない、疲れやすい、教室の臭いが嫌い…といった、さまざまな理由から不登校になってしまうことがあります。

ある朝、突然に子どもから「学校にいきたくない」と言われたら、たいていの保護者は、驚きあわててしまうかもしれませんが、とりあえず学校へ連絡して休ませましょう。

無理に学校にいかせることは、子どものストレスをさらに大きくしてしまうことになります。

子どもが「学校にいきたくない」と言ったり、学校を嫌がったりしたら、先生と相談して無理に「学校へいかせない」という選択もあるのです。

子どもが不登校になってしまう
主な理由と対応例

理由	対応例
学校の環境	・学校側に過ごしやすくなるように相談する ・転校することも検討する
勉強（特定の科目）	・教材や授業方法を変える ・苦手な勉強をしなくてもいいように先生と相談する
友だち（イジメ）	・友だちに理解を求め、先生から説明してもらう ・クラスを変える ・イジメがなくても本人がイジメと感じる場合もあるので、友だちから「大丈夫だよ」と声をかけてもらう ・本人が不安を感じるようなら休ませる
先生	・先生に対し恐怖感や不信感を持っているようならクラスを変えることを検討する
給食	・給食を無理に食べなくてもいいようにする ・お弁当を持たせる ・ひとりで食べる場所を提供する
乗り物	・学校へ通う交通機関を変える
朝、起きられない	・起きられない原因を取り除くように環境を整え生活リズムを整える（テレビやゲームなどをして寝る時間が遅いなど）。ただし、急にテレビやゲームを取りあげることで、さらに症状が悪くなる場合もある
眠れない	・眠れない原因を取り除くように環境を整え生活リズムを整える（寝室のカーテンなど）
その他	・摂食障害やうつなどの兆候がある場合は、専門の医師に相談する

解説

上手な言葉かけとは

塩川宏郷
筑波大学人間系障害科学域

1 「しかっちゃいけないわけじゃない」

子どもは毎日の経験の中からさまざまなことを学習します。ときには失敗しときには成功し、その繰り返しのなかから適切な行動を身につけ、社会に適応していく術《すべ》を学ぶのです。初めからうまくできる子どもはまずいませんし、失敗することが悪いことではありません。むしろ失敗を繰り返すことでよりよい行動を身につけることにつながります。

近年は、「子どもをほめることが大切」「ホメて伸ばす」というような歯の浮くような言葉がマスコミを中心に蔓延しています（この本の趣旨もそうですけれど）が、ほめるばかりが良いというわけではありません。

子どもをしかることは誤りではありません。しかられることで初めて自分の誤りに気がつくことができることもありますし、しかられることで、その後のほめられることがより大きな意味を持つことになります。また、「子どもを本気でしかる」＝「本気でその子のことを考えている」ということです。子どもがいけないことをしたときはきちんとしかりましょう。

大切なことは「しかり方」です。前述の解説にもあげましたが、しかることが「心理的虐待」のような形になることは避けなければなりません。子どもの人格を否定したり馬鹿にしたり理不尽なことで感情的にしかったりすることは虐待と同じ心の傷を子どもに残します。しかるコツは以下の3つです。

●子どもをしかるのではなく子どもの「行動」をしかる

しからなければいけないのは、子ども本人ではなく子どものとった行動です。しかることで子どもの存在すべてを否定してしまうようなしかり方は避けましょう。しかる、というよりは「行動の誤り・道義的な問題」を「指摘する」というほうが近いかもしれません。

●感情的にならない（クールになる）

どんな場合でも「冷静さ」を保てなければうまくいきません。感情的になることはたいてい行動の誤りを引き起こします。カッとなって感情の思うままに子どもに言葉をかけても、子どもに届かないどころか反発を招くことにもなりかねません。クールに、自分と子どもの様子を常に観察・分析しながらどのようにしかるべきかを考えましょう。どなりつけようとして大きく息を吸ったら、一度その息を吐き出してみることをおすすめします。

●「次につながる」しかり方を心がける

しかりっぱなし、しかられっぱなしでは、せっかくしかったことが後によい形で残りにくいでしょう。しかるだけで「反省しろ・あとは自分で考えろ」では進歩はありません。「どうすればしかられないですむか」「どうすればうまくいくのか」「次はどうするか」を一緒に考え、教えてあげましょう。しかられることは次にほめられるための予行練習なのです。

2 「わかっちゃいるけど ほめられない」のは

大切だというのはわかっているがほめることは難しい、どうしてもほめるべきところが見つからない、ということもあると思います。ほめたいけれど、どういう言葉を使えばいいのかわからない場合もあるでしょう。

日本語の単語で、相手を賞賛する言葉はどのくらいあるのでしょうか。謙遜したりへりくだったりする言葉はありますけれど、ほめ言葉はあまり多くないのかも知れません。日常生活のなかで「ほめ言葉」を探してみましょう。それは自分のボキャブラリーを増やすことにもなります。新聞やテレビにあふれる言葉の中から、どのようなときにどうやって相手をほめているかを探してみるのもいいかも知れません。ネタ帳のようにオリジナルの「ほめ言葉集」を作ってみましょう。

具体的なほめ言葉を使わなくても、「それでいい、と認める」ことがほめることと同じ作用を持ちます。自分のとった行動が正しいのか誤りなのか、もしかするとしかられるようなことなのか、それを自分で判断できるようになるには経験が大切です。子どもには経験が足りませんから、その都度それを補う形で教えて行くことが必要になります。「それでいいよ」と言葉をかけてあげましょう。

実はほめることはとても難しいのです。それはおそらく自分がほめられた経験が少ないということからくるものです。自分のことを振り返ってみてください。十分にほめられた経験があると自信を持って言える人は少ないのではないでしょうか。

子育ては、自分の子ども時代の「生き直し」あるいは「自分育て」であると言われています。子どもと向き合っていると、そこにはさまざまな感情がわいてきて、それらは自分の子ども時代に通じるものがありますし、自分を振り返るきっかけにもなるわけです。

古い都々逸《どどいつ》に「子どもしかるな来た道じゃ」という言葉があります。子どもに言葉をかけること、それは自分に（子どもだった頃の自分に）言葉をかけているのと同じことです。自分ならこんな言葉をかけてほしい、と考えれば、子どもをどうやってほめたらいいかという疑問についても、自然に答えがみつかるはずです。

監修者略歴

塩川宏郷（しおかわひろさと）

1962年福島県西郷村生まれ、自治医科大学医学部卒業。福島県のへき地医療、自治医科大学附属病院小児科、東ティモール大使館、東京少年鑑別所勤務を経て2013年より現職。
専門領域：発達行動小児科学

参考図書

『発達障害を持つ　子どものサインがわかる本』塩川宏郷／監修　主婦の友社
『発達障害の子どもの心がわかる本』主婦の友社
『よくわかる大人のアスペルガー症候群』梅永雄二／監修　主婦の友社
『じょうずなつきあい方がわかるアスペルガー症候群　高機能自閉症の本』宮本信也／監修　主婦の友社
『じょうずなつきあい方がわかるLDの本』宮本信也／監修　主婦の友社
『発達障害の子どもを伸ばす　魔法の言葉かけ』shizu／著　平岩幹男／監修　講談社
『発達障害のある子の「育ちの力」を引き出す150のサポート術』添島康夫／著　明治図書

Staff
装丁／志摩祐子（レゾナ）
本文デザイン・DTP／志摩祐子、西村絵美（いずれもレゾナ）
カバー・本文イラスト／横井智美
構成／佐藤義朗
編集／西垣成雄

発達障害の子どもが伸びる
ほめ方・しかり方・言葉かけ

2015年3月30日初版発行
2022年1月30日7刷発行

監　修　塩川宏郷
発行者　小野寺優
発行所　株式会社河出書房新社
　　　　東京都渋谷区千駄ヶ谷2-32-2
電　話　03-3404-8611（編集）
　　　　03-3404-1201（営業）
https://www.kawade.co.jp/

印刷・製本 図書印刷株式会社

Printed in Japan　　ISBN978-4-309-24695-6